Uschi Pfeiffer
Jo-Li 12

Das neue Kürbis-Kochbuch

Vreny Walther / Erica Bänziger

Das neue Kürbis-Kochbuch

80 raffinierte Rezepte

für Suppen, Vorspeisen, Hauptspeisen

und Gebäck

MIDENA

Die Deutsche Bibliothek – CIP-Einheitsaufnahme

Walther, Vreny:
Das neue Kürbis-Kochbuch : 80 raffinierte Rezepte für Suppen, Vorspeisen, Hauptspeisen und Gebäck / Vreny Walther/Erica Bänziger. - Augsburg : Midena, 1998
ISBN 3-310-00455-4

Midena Verlag, Augsburg

Lektorat: Léonie Haefeli-Schmid, Küttigen
Einführung (Seiten 1-19): Jenny Wainwright Klein, Botanischer Garten, München
Umschlaggestaltung: Atelier Bachmann, Reischach
Umschlagbild: Evelyn und Hans-Peter König, Zürich
Layout: Cornelia Osterbrauck, München; Marion Kraus, Augsburg
Foodfotos: Evelyn und Hans-Peter König, Zürich
Fotos S. 11, 13, 14: Apis Bildagentur, Lenzburg; S. 17: Autorinnen
Fotos der Kürbissorten: F. J. Höck, Botanischer Garten, München
Satz: Fred Butzke, Dolldorf
Lithos: Typework Layoutsatz & Grafik GmbH, Augsburg
Druck und Bindung: Offizin Andersen Nexö, Leipzig – ein Betrieb der INTERDRUCK Graphischer Großbetrieb GmbH

Printed in Germany

Gedruckt auf umweltfreundlich elementar chlorfrei gebleichtem Papier

ISBN 3-310-00455-4

Inhaltsverzeichnis

Salate

Hauptgerichte vegetarisch

Hauptgerichte mit Fleisch oder Fisch

Dessert

Gebäck

Saucen

Eingemachtes

Getränke

Abkürzungen

EL	=	Eßlöffel
TL	=	TL
l	=	Liter
ml	=	Milliliter
dl	=	Deziliter
Msp.	=	Messerspitze

Wo nicht anders erwähnt, sind die Rezepte für 4 Personen berechnet.

Vorworte

Den Kürbis habe ich vor vielen Jahren entdeckt. Seitdem ich einen eigenen Garten besitze, wachsen der »Rote von Etampes« und der graugrüne »Hokkaido« friedlich nebeneinander. Die Kerne habe ich stets aufbewahrt und im nächsten Jahr wieder in die Erde gesteckt. Und siehe da: In einem Sommer reifte in meinem Garten ein kleiner, fester Kürbis mit lachsfarbener, matter Schale und einer grünen Sonne in der Mitte. Mit dieser Zufallszüchtung war meine Neugierde geweckt und das Kürbisfieber endgültig ausgebrochen. Meine Verwandten und Freunde machten mit viel Engagement bei der Samensuche rund um den Erdball mit. Es hat sich gelohnt. Zur Zeit wachsen auf unserem Bauernhof 60 verschiedene Kürbissorten. Zuweilen braucht es Überwindung, diese Kunstwerke der Natur dem Kochtopf anzuvertrauen.

Die schönste Arbeit beginnt jeweils im September zur Erntezeit, wenn wir aufs Feld fahren und uns die Pracht und Vielfalt von Formen und Farben, wie in allen Jahren, von neuem überwältigt. Mit viel Gefühl wird jede Frucht von der Pflanze getrennt und zum bereitstehenden Wagen gebracht. Zu Hause werden die Kürbisse gewaschen; und nun kann das Präsentieren, Beraten und Verkaufen beginnen.

Ich bin immer wieder erstaunt, wie unterschiedlich die einzelnen Kürbissorten schmecken. Der Kreativität in der Küche sind also kaum Grenzen gesetzt. Ich freue mich, wenn mit diesem neuen Kürbis-Kochbuch die Anhängerschaft weiter wächst.

Renate Vogel-Strässler
Kürbisbäuerin
Hüntwangen/Zürcher Unterland

Noch vor wenigen Jahren kannte man den Kürbis in unserer Küche kaum. Und wenn, dann landete die Riesenbeere vor allem im Suppentopf. Anders in Amerika, wo die Frucht schon immer hohes Ansehen genossen hat und in der Küche sehr vielseitig verwendet wird.

Der Kürbis unterscheidet sich von anderen »Exoten« insofern, als er sich in unseren Breitengraden wohlfühlt und gut gedeiht. Immer mehr Hobbygärtner und Bauern haben ihn in den letzten Jahren entdeckt und ihm auf dem Feld und im Garten Platz gemacht.

Über die Verbreitung und die mittlerweile große Popularität des Kürbisses dürfen sich alle Beteiligten freuen. Uns freut es ganz besonders, daß mit unserem ersten Kürbis-Kochbuch aus so manchem Skeptiker ein echter Kürbisfan geworden ist. Dieses große Interesse für die Riesenbeere und ihre vielseitige Verwendung hat uns denn auch bewogen, unseren großen Rezept-Fundus in ein zweites Kürbis-Kochbuch einfließen zu lassen, ergänzt mit einem umfangreicheren Sortenbeschrieb und einer Adreßliste für den Bezug der Sämereien.

Jenny Wainwright-Klein
Erica Bänziger
Vreny Walther

Kürbis – Kultur und Sortiment

Die Kürbisse gehören zur Familie der Cucurbitaceae oder Kürbisgewächse. Dies sind rankende oder auch buschige Pflanzen, die hauptsächlich in tropischen und subtropischen Gegenden vorkommen. Andere bekannte Vertreter dieser Familie sind u. a. die Gurke, die Melone, der Zucchino und die Luffa. Drei Cucurbita-Arten (C. maxima, C. moschata, C. pepo) mit ihren zahlreichen Sorten werden am häufigsten in den gemäßigten Zonen als Nutzpflanzen angebaut, und diese sind es auch, die man dem Kürbis zuordnet.

Cucurbita-maxima-Sorten (Riesenkürbis) bringen die größten Früchte hervor; das Rekordgewicht von sage und schreibe 523 kg wurde 1996 von der Sorte »Atlantic Giant« erreicht. Die meisten Exemplare haben eine etwas lederartige Schale, oranges Fruchtfleisch und einen runden, korkigen Fruchtstiel, welcher zur Reifezeit braun und trocken wird. Viele der Sorten lassen sich gut lagern und behalten ihren Geschmack. Cucurbita maxima (Riesenkürbis) kam ursprünglich aus Südamerika und kann im Gegensatz zu Cucurbita moschata (Moschuskürbis) auch in kühleren Gegenden angebaut werden.

Cucurbita moschata (Moschuskürbis) ist in seiner Wildform unbekannt, aber aufgrund archäologischer Funde wird Mexiko als Ursprungsland vermutet. Vertreter dieser Art gedeihen in wärmeren Gegenden als Cucurbita maxima und Cucurbita pepo. Der Fruchtstiel ist wenig gefurcht, etwas dünner als jener von Cucurbita maxima und breiter am Fruchtansatz.

Der Moschuskürbis verdankt seinen Namen dem leicht nach Moschus schmeckendem Fruchtfleisch, welches auch sehr fest und nie faserig ist. Der Geschmack des Kürbis wird mit zunehmender Lagerdauer intensiver. Daher sollten die Früchte nach der Ernte mindestens zwölf Wochen gelagert werden, um so einen intensiveren Geschmack und ein intensiveres Aroma zu entwickeln. Cucurbita-moschata-Früchte haben viele verschiedene Formen, aber ihr Farbspektrum begrenzt sich bei der Reife auf entweder Grün oder Beige. Sie halten sich lange, und die Sorte »Butternut« kann man sogar bis zu einem Jahr lagern.

Cucurbita pepo (Gartenkürbis) hat ein Verbreitungsgebiet, das sich von Costa Rica bis Nord-Dakota erstreckt; sie ist daher besonders geeignet als Kulturpflanze in den gemäßigten Zonen. Cucurbita-pepo-Sorten sind sehr unterschiedlich in Form und Farbe. Sowohl die Zierkürbisse als auch die Sommerkürbisse gehören zu den Cucurbita pepo, obwohl auch viele von ihnen zu den Winterkürbissen gezählt werden können. Der Fruchtstiel ist dünn, hart und kantig und bleibt grün, auch im Reifestadium. Die Lagerdauer der einzelnen Sorten ist unterschiedlich, sie kann zwischen einem Monat und fünf Monaten liegen. Zierkürbisse können länger aufbewahrt werden, wenn sie nach der Ernte ein paar Wochen der Sonne ausgesetzt werden, damit die Schale gut aushärten kann. Die Frucht hält noch länger, wenn sie mit klarem Lack eingepinselt wird.

Die Sommer- und die Winterkürbisse

Die Kürbisse werden in Sommer- und Winterkürbisse unterteilt.
Zu den Sommerkürbissen zählen die schnellwachsenden Früchte mit stark wasserhaltigem, zartem, gelblichweißem Fleisch, das zart und jung am besten schmeckt. Die populärsten Verteter sind Cucurbita pepo, besser bekannt als Rondini, sowie Cucurbita pepo var. melo-

pepo, besser bekannt als Zucchino. Die ersten Früchte können bereits 60 Tage nach der Aussaat geerntet werden. Es ist auch wichtig, die Früchte rasch zu ernten, nur so kann die Pflanze immer wieder Blüten bilden und Früchte tragen. Der Sommerkürbis hat eine weiche, eßbare Schale. Die Früchte sollten nur kurz im Kühlschrank gelagert werden; am besten schmecken sie frisch.

Winterkürbisse brauchen zur Bildung der harten Schale und des festen, gelblich- bis orangefarbenen Fruchtfleisches eine ganze Saison. Der Name Winterkürbis besagt, daß die Frucht während der Wintermonate gelagert werden kann. Den Winterkürbis werden wir auf den folgenden Seiten im Detail behandeln.

Die Züchtung

Jährlich kommen neue Züchtungen in den Handel. Sie unterscheiden sich oft nur geringfügig von den bisherigen Sorten. Meist wurden sie gezüchtet, um die Lagerfähigkeit, den Geschmack oder die Wuchsform existierender Sorten zu verbessern, oder aber, um z. B. die Resistenz gegen Mehltau zu erhöhen. Jede neue Sorte bekommt einen Namen, obwohl ihr Äußeres dem ihres Vorgängers sehr ähnlich ist. Aber nur so können die Sorten unterschieden werden. Viele der Kürbisse haben englische Namen, da die Kürbisse vor allem in den USA gezüchtet werden. Die Namen werden nicht ins Deutsche übersetzt, um die schon ohnehin große Namensvielfalt nicht noch aufzublähen. Die englischen Namen haben noch einen weiteren Vorteil; sie verhindern, daß ein und dieselbe Sorte unter verschiedenen deutschen Namen angeboten wird.

Die kräftig gelben bis orangen männlichen und weiblichen Blüten kommen auf der gleichen Pflanze vor; der Kürbis ist also zweihäusig. Der Blütenstaub wird durch Insekten von der männlichen auf die weibliche Blüte übertragen. Die männlichen Blüten wachsen einzeln

auf langen Stielen; die weiblichen haben kürzere Stiele. Ein besonderes Merkmal der weiblichen Blüte ist der vergrößerte Fruchtknoten, welcher unterhalb der Blüte liegt und schon im jungen Stadium die Form des werdenden Kürbis hat. Die verschiedenen Arten der Gattung Cucurbita kreuzen sich nur untereinander. Cucurbita-maxima-Sorten kreuzen sich nicht mit Cucurbita-moschata- oder Cucurbita-pepo-Sorten.

Will man reines Saatgut für den Eigenbedarf gewinnen, pflanzt man die verschiedenen gleichartigen Sorten getrennt mit mindestens einem Abstand von 800 m oder aber eine Curcubita-maxima-Sorte in Nachbarschaft mit einer Curcubita-pepo- oder einer Curcubita-moschata-Sorte.
Um eine neue Sorte zu züchten, nimmt man den Pollen der männlichen Blüte mit den Eigenschaften, welche man einer anderen Sorte hinzufügen möchte. Als Beispiel sei hier genannt: Ein Kürbis produziert große orange Früchte mit Wülsten, aber man möchte nun einen orangen Kürbis mittlerer Größe ohne Wülste. Nachdem die Früchte mit den gewünschten Kriterien selektiert sind, beginnt die eigentliche Züchtungsarbeit. Die Samen der ausgesuchten Sorten werden gesät, die Pflanzen kreuzbestäubt.
Aus den entstandenen Früchten werden jene mit den gewünschten Eigenschaften selektiert, die Samen gesammelt und im nächsten Jahr ausgesät. Es erfolgt eine weitere Kreuzbestäubung und eine weitere Suche und Selektion nach den gewünschten Eigenschaften. Dieser Vorgang wird so oft wiederholt, bis eine einigermaßen stabile Sorte entstanden ist. Die neue Sorte erhält einen Namen und kommt in den Handel.

Die Saatgutgewinnung

Wenn man Saatgut für den Eigenbedarf gewinnen will, sind einige Punkte zu beachten. Eine längere Lagerzeit begünstigt die Entwicklung einer höheren Anzahl reifer

Samen. Zur Saatgutgewinnung werden die Früchte halbiert, die Samen entfernt und in einem Eimer mit Wasser gewaschen. Den Samen reibt man zwischen den Fingern, um das Fruchtfleisch zu entfernen. Das Wasser wird weggegossen und der Samen getrocknet. Dieser Vorgang soll zügig vonstatten gehen, ohne aber die Temperatur von 30 °C zu übersteigen. Reife, keimfähige Samen sind jene, welche prall und fest sind; die dünnen, leichten Samen werden entfernt. Die Kürbissamen sind bei kühler (4 °C), trockener Lagerung bis zu sechs Jahren keimfähig.

Die Kürbispflanze

Kürbisse sind wärme- und lichthungrige Pflanzen, welche für ihre langen Ranken und das weit verzweigte Wurzelsystem viel Platz brauchen. Es gibt aber auch moderne Sorten, die eher buschig wachsen, wie zum Beispiel Cucurbita pepo »Table King«, eine Acorn-Sorte, und Cucurbuta maxima »Gold Nugget«. Eines haben alle Kürbisse gemeinsam: außer Wärme und Sonne benötigen sie viele Nährstoffe im Boden und regelmäßige Wassergaben.
Als Standort ist ein sonniger, vor Wind geschützter und gut abgesetzter Komposthaufen bestens geeignet. Der Boden sollte locker sein und ein gutes Wasserhaltevermögen aufweisen; ideal ist ein pH-Wert zwischen 5,6 und 6,8. Fehlt ein Komposthaufen, müssen dem Boden Nährstoffe zugefügt werden, z. B. Stallmist und/oder reifer Kompost, den man spatentief eingräbt. Wichtig ist eine ausreichende Wasser- und Nährstoffversorgung von der Blüte bis zur Erntereife des Kürbis, erkenntlich am gelben und holzigen Stiel der Frucht.

Die Kürbispflanze ist frostempfindlich und sollte erst nach den Eisheiligen (am 15. Mai ist »Kalte Sophie«) ausgepflanzt werden. Die verschiedenen Kürbissorten brauchen 80 bis 120 frostfreie Tage, damit die Früchte ausreifen. Als frostfrei werden jene Tage bezeichnet, an denen die Temperatur über 18 °C steigt. Bei darunterliegenden Temperaturen kommt es zum Wachstumsstillstand. Wenn das Thermometer für mehrere Tage unter 18 °C sinkt und es naß ist, entwickeln sich weniger Blüten und die jungen, sich noch entwickelnden Früchte werden häufig abgestoßen. Schnecken werden dann ebenfalls zu einem Problem. Für die gefräßigen Tierchen sind die Blüten und die kleinen Früchte eine Delikatesse, das gleiche gilt für die jungen Pflanzen.

Die Kultur im einzelnen

Wie bereits erwähnt, ist der Kürbis eine frostempfindliche Pflanze und kann erst nach dem letzten Frost ins Freie gepflanzt werden. Da die Pflanze während mindestens 80 Tagen eine Temperatur von über 18 °C braucht, um ihre Früchte zur Reife zu bringen, empfiehlt sich, die Wachstumszeit zu verlängern, indem man die Kürbissamen 2 bis 3 Wochen vor dem Auspflanzdatum aussät und auf der Fensterbank oder im Gewächshaus vorkultiviert.

Für das Aussaatsubstrat mischt man humusreiche Komposterde mit etwas Sand, damit das Ganze durchlässig wird. Nach dem Gießen sollte die Erdmischung feucht sein, aber keine Staunässe aufweisen. Man füllt 10 cm tiefe Blumentöpfe mit dem Substrat und drückt je 2 Samen 2 cm tief in das Substrat. Jetzt werden die Töpfe an einen hellen, warmen Platz gebracht; zum Keimen soll die Temperatur zwischen 22 und 25 °C liegen. Nach dem Keimen kann etwas kühler bei Werten um 18 bis 22 °C weiterkultiviert werden. Die jungen Pflänzchen brauchen jetzt Wärme, Sonne und regelmäßiges Gießen. Das Substrat sollte immer mäßig feucht sein, d. h. nie ganz trocken, aber auch nie zu naß.

Die Pflänzchen werden nach den Eisheiligen an einem bedeckten Tag oder am späten Nachmittag ins Freie gepflanzt. Die Wurzeln sollten beim Auspflanzen möglichst wenig gestört und die Wurzelballen nicht aufgelockert werden. Sie werden etwas tiefer als im Topf gepflanzt; so wird die Pflanze zu einem verstärkten Wurzelwachstum im Bereich des eingegrabenen Triebteils stimuliert. Die kleineren und buschigen Kürbissorten, z. B. »Acorn Squash« und »Delicata«, werden mit einem Abstand von 0,5 bis 1 m gepflanzt. Die größeren, lang rankenden Sorten brauchen 1,2 bis 1,8 m Abstand. Um die Schnecken fernzuhalten, wird ein Ring aus Schneckenkörnern um die Pflanze gelegt. Das Zentrum der Pflanze sollte mit einem Stab markiert werden, das erleichtert das spätere Gießen und Düngen.

Es ist vorteilhafter, die junge Pflanze von unten zu gießen und nicht über das Laub, um einem Befall mit Mehltau vorzubeugen. Mehltau in Zeiten mit hoher Luftfeuchtigkeit kann zum Teil verhindert werden, indem man die Blätter mit feinem Urgesteinsmehl leicht bestäubt. Dies hat noch einen zusätzlichen Vorteil, ist doch das Urgesteinsmehl eine hervorragende Quelle von Mineralien. Wie häufig gegossen werden muß, hängt vom Wetter und der Bodenbeschaffenheit ab.

Ernte und Lagerung

Nach einem warmen und sonnigen Sommer und nach liebevoller Pflege der Pflanzen können alle Kürbisliebhaber im September die ersten Früchte ernten. Der Kürbis ist dann reif, wenn die Frucht schwerer ist, als man aufgrund ihrer Größe vermuten würde. Der reife Kürbis klingt auch leicht hohl, wenn man ihn anklopft. Der Stiel der Cucurbita-maxima-Sorten ist

im Reifestadium braun und vertrocknet. Die Früchte werden an der Pflanze belassen bis kurz vor dem ersten Frost. Sollte wider Erwarten die Temperatur doch einmal unter 0 °C sinken, müssen die Früchte anderntags geerntet und sofort verwertet werden. Die Früchte sind nach der Kälteeinwirkung nicht mehr lagerfähig.

Der Stiel des Kürbis wird mit einem scharfen Messer auf etwa 5 cm gekürzt. Es ist darauf zu achten, daß die Schale der Frucht unter keinen Umständen verletzt wird. Die Kürbisse werden nun zur Nachreife für 2 bis 3 Wochen an einem warmen und sonnigen Ort gelagert. Bei dieser Nachreife in der Sonne trocknet die Schnittstelle am Stiel aus. Auch Verletzungen, welche der Schale während der Ernte zugefügt worden sind, können so kuriert werden. Die Samen reifen in dieser Zeit ebenfalls nach, und die Früchte bekommen eine härtere Schale, was ihre Lagerfähigkeit erhöht.

Nun können die Kürbisse an ihren Lagerort gebracht werden. Bestimmte Cucurbita-pepo-Sorten, z. B. »Acorn Squash«, »Delicata« und »Sweet Dumpling«, sollten nach dem Ernten sofort in den Keller gebracht werden, da die Nachreife in der Sonne die Qualität der Frucht beeinträchtigt. Die Lagerdauer der verschiedenen Kürbissorten ist unterschiedlich. Generell kann man sagen, daß Cucurbita-maxima-Sorten 4 bis 6 Monaten, Cucurbita moschata bis 1 Jahr und Cucurbita pepo bis 5 Monate gelagert werden können.

Was bei der Lagerung zu beachten ist

- Der Kürbis muß reif sein.
- Der Kürbis darf keine Druckstellen oder Verletzungen aufweisen; auch noch so kleine Wunden an der Schale führen zu einer schnelleren Fäulnis.
- Der Stiel des Kürbis muß mindestens 5 cm lang sein.
- Der Kürbis muß an einem kühlen, luftigen und trockenen Ort gelagert werden.

Sorten

Acorn Squash *(C. pepo)*

«Acorn Squash« gehört zu einer alten Sorte, welche aus Nord-Dakota stammt. Sie wurde früher vom Arikara-Indianerstamm an- gebaut. Die länglichen, ovalförmigen, gerippten Früchte haben einen süßlichen, nußartigen Geschmack und trockenes, gelblich-oranges Fleisch. Die Früchte sind ungefähr 15 cm lang und haben ein Gewicht von bis zu 1 kg. Es gibt viele verschiedene Auslesen des Acorn Squash. Zu jenen mit dunkelgrüner bis fast schwarzer Schale gehören u. a. »Ebony Acorn«, »Mesa Queen«, »Table Queen« und »Table King«. Sie unterscheiden sich nicht im Geschmack, aber in der Wuchsform. »Mesa Queen« und »Table King« sind buschige Pflanzen mit kürzeren Ranken, welche im Garten wenig Platz in Anspruch nehmen. Eine gelbe Auslese, »Jersey Golden«, und eine weiße, »Snow Acorn«, sind ebenfalls im Angebot. Man kann die Früchte bis zu 3 Monaten lagern. Die Reifezeit beträgt 80 bis 90 Tage.

Atlantic Giant *(C. maxima)*

Howard Dill aus Nova Scotia, Kanada, hat »Atlantic Giant« als Riesenkürbis gezüchtet. Der Weltrekord für den größten und schwersten Kürbis wird regelmäßig mit dieser Sorte gewonnen. 1996 lag der Rekord bei 523 kg! Auch wenn man sich nicht an dieser Rekordjagd beteiligen will, erreicht diese großwüchsige Kürbissorte normalerweise ein Gewicht zwischen 25 und 45 kg. Unter der orangen Schale liegt das hellorange Fruchtfleisch, das eine Dicke von etwa 15 cm hat und eine riesige Samenhöhle umhüllt. Das Fleisch eignet sich sehr gut zum Braten, Pürieren oder Einmachen. Die Reifezeit beträgt 110 bis 120 Tage.

Baby Blue *(C. maxima)*

»Baby Blue« ist eine Zwerg-Auslese des »Blue Hubbard«. Die Pflanze ist weniger rankend und hat entsprechend kleinere, 2 bis 3 kg schwere Früchte mit einer sehr harten, bläulich-grau glänzenden Schale. Die Früchte sind rundlich und am Blütenansatz leicht gespitzt. Genau wie alle »Hubbard Squashes«, hat »Baby Blue« auch ein sehr schmackhaftes tieforanges Fleisch, welches etwas faserig ist. Die Züchtung kam in den USA erst 1953 in den Handel. Ideal zum Lagern. »Baby Blue« eignet sich vorzüglich zum Braten.
Die Reifezeit beträgt 84 bis 108 Tage.

Bleu de Hongrie *(C. maxima)*

Die weiße Schale dieses ungefähr 10 kg schweren Kürbis, welcher auf einer weit rankenden Pflanze wächst, enthält ein gut schmeckendes oranges Fleisch, das sich besonders zum Braten eignet. In seinem Heimatland Ungarn wird »Bleu de Hongrie« ganz einfach Bratkürbis genannt. Ideal zum Lagern.
Die Reifezeit beträgt 110 Tage.

Buttercup *(C. maxima)*

Kleine grüne rundliche Frucht mit einem Durchmesser von 15 bis 20 cm. Die Frucht hat am Blütenansatz eine hellgrüne eingesunkene Narbe. Die Pflanze ist zwar nicht sehr ertragreich, aber die hervorragende Fruchtqualität macht es lohnend, diesen Kürbis anzubauen. Die grüne Schale ist hart und schwer zu schälen. Das leuchtend orange Fruchtfleisch ist besonders schmackhaft und zerfällt beim Garen nicht. Ideal zum Lagern.
Die Reifezeit beträgt 105 Tage.

Butternut *(C. moschata)*

Wie alle Cucurbita-moschata-Sorten brauchen »Butternuts« viel Wärme und regelmäßige Wassergaben. Die Pflanze ist nicht so sehr rankend wie die anderen Sorten und benötigt für gutes Gedeihen etwa 2 m^2 Land. Mindestens drei verschiedene Selektionen von Butternut sind erhältlich: »Hercules«, »Ponca« und »Waltham«. In Europa wird »Butternut Waltham« als Saatgut angeboten, obwohl »Butternut Hercules« unter kühleren und ungünstigeren Wetterbedingungen ertragreicher ist als andere Butternut-Auslesen.
Alle Butternut-Auslesen sehen ähnlich aus. Sie sind ungefähr 30 cm lang und birnenförmig und haben eine sehr kleine Samenhöhle unter einer glatten beigen Schale, die durch die Lagerung farbintensiver wird. Das wohlschmeckende orange Fleisch ist reich an Carotin und hat einen süßen, sahnigen Geschmack, welcher durch die Lagerung noch intensiver wird. »Butternuts« können bis zu einem Jahr gelagert werden.
Die Reifezeit beträgt 110 Tage.

Delicata *(C. pepo)*

»Delicata« braucht nur eine kleine Anbaufläche. Sie liefert wunderschöne längliche cremefarbene Früchte mit grünen Streifen. Die Früchte werden 12 bis 20 cm lang und ungefähr 8 cm breit. Ihr sahniges Fleisch ist gelb bis orange und hat einen leichten süßen Geschmack, ähnlich der Süßkartoffel.
Die Schale kann gegessen werden, solange die Frucht noch jung ist, danach wird die Schale allmählich zäher. Kann bis zu 3 Monaten gelagert werden.
Die Reifezeit beträgt 100 Tage.

Flat White Boer *(C. maxima)*

Dies ist eine interessante Züchtung aus Südafrika. Eine neue Auslese ist jetzt auf dem Markt. Die Pflanze ist anfangs buschig wachsend und bringt vier Früchte hervor; danach fängt die Pflanze zu ranken an und bildet weitere drei bis vier Kürbisse. Die Pflanze nimmt viel Platz in Anspruch mit ihren bis zu 5 Meter langen Ranken und den großen weißen Kürbissen, welche unter den großen Blättern von ca. 80 cm langen Stielen getragen werden. Die Früchte sind rund und flach und haben einen Durchmesser von 40 bis 50 cm. Die ausgereiften Kürbisse haben ein Gewicht von 8 bis 10 kg. Das leuchtend orange Fleisch ist schmackhaft, obwohl etwas faserig. Die Sorte kann gut bis zu 4 Monaten gelagert werden. In trockenen Anbaugebieten Südafrikas legt man die Kürbisse sogar auf ein Blechdach in die volle Sonne.
Die Reifezeit beträgt 100 Tage.

Gelber Zentner *(C. maxima)*

Diese Sorte wird auf dem Markt öfters angeboten. Sie ist ein Vertreter der Riesenkürbisse und bringt große Früchte hervor. Viel Platz ist notwendig, um diese wuchernde Sorte im Garten anzubauen. »Gelber Zentner« ist für den launenhaften mitteleuropäischen Sommer besonders gut geeignet, da er auch blüht und Früchte bildet, wenn es einige Wochen kühl und regnerisch ist.
Das gelblich-orange Fleisch ist mild im Geschmack und wird meistens süßsauer eingemacht.
Die Reifezeit beträgt 100 Tage.

Gold Nugget *(C. maxima)*

Diese Kürbissorte ist ideal für den kleineren Garten. Die Pflanze bildet einen kleinen Busch, ungefähr 60 cm hoch und bis 80 cm breit. Acht bis zehn kleine runde leuchtend-orange Kürbisse wachsen auf kurzen Stielen eng am Stamm der Pflanze heran.
Die Früchte haben etwa die Größe einer Grapefruit und sind gleich gut für Verzehr und Dekoration. Das Fruchtfleisch ist orange und wohlschmeckend. Ideal zum Lagern.
Die Reifezeit beträgt 95 Tage.

Golden Delicious *(C. maxima)*

(Synonym: Red Kuri, Oranger Knirps)

Eine Auslese des »Golden Hubbard Squash«. Bildet kleinere Pflanzen und auch entsprechend kleinere Früchte als ein »Hubbard Squash«.
Der Kürbis ist oval und an einem Ende in eine Spitze auslaufend. »Golden Delicious« hat eine gewisse Ähnlichkeit mit »Orange Hokkaido« und der Auslese des Hubbard Squash.
Die leuchtend orange Schale ist leicht zu schälen, und das 3 bis 4 cm dicke orange Fleisch ist schmackhaft und sahnig. Ideal zum Lagern.
Die Reifezeit beträgt 110 Tage.

Hokkaido *(C. maxima)*

Synonym: Uchi Kuri, Zwiebelkürbis)

Hokkaido ist eine beliebte Sorte; sie ist von wunderschöner oranger Farbe und hat ein schmackhaftes Fleisch. Übrigens wird eine Suppe noch schmackhafter und cremiger, wenn man einen Teil der Schale dazureibt. Die Früchte wiegen ungefähr 1 kg.
Diese Züchtung stammt aus Japan.
Die Pflanzen bilden bis zu 3 m lange Ranken. Ideal zum Lagern.
Die Reifezeit beträgt 92 Tage.

Hubbard Squash *(C. maxima)*

»Hubbard Squash« ist eine sehr alte und beliebte nordamerikanische Sorte, welche schon 1798 von einer Gärtnerei in Massachusetts, USA, angeboten wurde. Die Pflanze bildet 10 bis 20 kg schwere Kürbisse, die von hervorragendem Geschmack sind. »Hubbard Squash« zählt zu den Riesenkürbissen. Die ertragreiche Pflanze braucht für die langen Ranken viel Raum. Die Frucht ist länglich und an beiden Enden zugespitzt. »Hubbard Squashes« gibt es in verschiedenen Farben und Größen: blau, grün, orange und schwarz (eher dunkelgrün). Jede Farbe wird einzeln angeboten, z.B. »Green Hubbard Squash« mit grünen Früchten. Von den Zwerg-Auslesen gibt es mehrere, die sich sehr ähnlich sind: »Baby Blue«, »Kitchenette« und »Blue Ballet«, sie alle benötigen wenig Platz und bringen entsprechend kleine Kürbisse hervor. Die Kürbisse können bis 6 Monate gelagert werden, obwohl sie kontinuierlich an Geschmack verlieren und das Fleisch wässerig wird.
Die Reifezeit beträgt 110 Tage.

Jack O'Lantern *(C. pepo)*

Wie sein Name schon verrät, ist dieser Kürbis zum Schnitzen sehr beliebt. Er hat eine runde Form und eine dunkelorange Farbe. Das Fleisch ist zum Pürieren gut geeignet.
Die Früchte sollten nicht länger als zwei Monate gelagert werden, da sie nach und nach an Geschmack verlieren.
Diese Sorte wird in Deutschland unter dem Namen »St.-Martins-Laternenkürbis« angeboten.
Die Reifezeit beträgt 110 Tage.

Langer Nizza *(C. moschata)*

Diese Sorte wird in Frankreich häufig angebaut. Der Kürbis ist 60 bis 80 cm lang und an einem Ende leicht verdickt. Die Schale ist bei der Ernte im September meist noch grün und wird beim Nachreifen im Keller beige.
Typisch für den Moschuskürbis sind das orange Fleisch und der süßliche Duft im rohen Zustand; aber auch das gekochte Fleisch ist sehr schmackhaft. Die weiche Schale und das zarte Fleisch sind leicht zu schälen und zu schneiden.
Wie alle C.-moschata-Kürbisse kann man die Sorte »Langer Nizza« bis zu 8 Monaten lagern, das volle Aroma hat der Kürbis erst 12 Wochen nach der Ernte.
Die Reifezeit beträgt 110 bis 120 Tage.

Muscade de Provence
(C. moschata)

Wohlschmeckender, äußerst beliebter Kürbis. Die Pflanze ist in Mitteleuropa nicht so ertragreich, da ihr oft die Wärme fehlt. Die Sorte wird häufig in wärmeren Gegenden wie Italien und Frankreich angebaut.
Der Kürbis ist grün, flach und rund, wird etwa 15 cm hoch und hat einen Durchmesser von 40 bis 50 cm. Die Schale ist am Anfang grün und wird zur Reife allmählich hellbraun. Kann bis 8 Monate gelagert werden.
Die Reifezeit beträgt 120 Tage.

Pink Banana *(C. maxima)*

Die rankende Pflanze braucht sehr viel Platz. Die bis zu einem Meter lange Frucht mit ihrer zart rosa gefärbten Schale hat wenig Ähnlichkeit mit einer Banane. Den Namen verdankt sie denn auch der feinen, zerbrechlichen Struktur ihres Fleisches. »Pink Banana« hat einen typischen Kürbisgeschmack. Die rosafarbene Schale ist weich und leicht zu schälen, das Fleisch ist orange und umschließt eine große Samenhöhle. Das Gewicht liegt meist bei 10 kg. Die Frucht kann bis 6 Monate gelagert werden.
Die Reifezeit beträgt 110 Tage.

Roter Zentner *(C. maxima)*

Hier handelt es sich um eine alte französische Sorte mit einer wunderschönen leuchtend orangefarbenen Schale, die auch unter dem Namen »Rouge Vif d'Etampes« bekannt ist. Die Kürbisse dieser rankenden, ertragreichen Pflanze sind rund und flach und haben ein Gewicht von ungefähr 10 kg. Das orange Fleisch ist aromatisch und schmackhaft. Ideal zum Lagern.
Die Reifezeit beträgt 110 Tage.

Spaghetti-Kürbis *(C. pepo)*

Ein kuriose Züchtung aus Japan. Das Fleisch zerfällt nach dem Garen in Fasern, ähnlich den Spaghetti.
Die 20 bis 30 cm länglichen, gelb gefärbten Früchte wachsen auf rankenden Pflanzen, für die es auch in kleineren Gärten noch genug Platz gibt. Der Kür-

bis ist erntereif, wenn die weiße Schale gelb wird. Der Spaghetti-Kürbis sollte nur quer halbiert werden, damit die spaghettiähnlichen Fasern unversehrt bleiben. Die Auslese »Tivoli« ist eine buschig wachsende Sorte des Spaghetti-Kürbis.
Die Reifezeit beträgt 100 bis 110 Tage.

Sugar Pie *(C. pepo)*

Hier haben wir es mit einer kleineren Variante des Original »Pumpkin-Pie-Kürbis« zu tun. Die runden, orange gefärbten Kürbisse haben einen Durchmesser von 20 cm, sind 15 cm hoch und wiegen 2 bis 5 kg. Die mittelstark rankenden Pflanzen sind sehr ertragreich und eignen sich auch gut für den Anbau in kleineren Gärten. Das Fleisch hat die gleiche Farbe wie die Schale und ist sehr zuckerhaltig. »Sugar Pie« wird meist zu Püree verarbeitet, da das Fleisch beim Kochen zerfällt. Die Frucht hat gleich zwei Verwendungszwecke: Das ausgehöhlte Fruchtfleisch ist für die Küche bestimmt und aus der Schale kann man eine Laterne schnitzen. Der Kürbis sollte nicht zu lange gelagert werden, da das Fleisch faserig und fad wird. »Sugar Pie« ist auch unter den Namen »Early Sugar Pie«, »Connecticut Pie«, »Small Sugar« und »Boston Pie« bekannt.
Die Reifezeit beträgt 98 Tage.

Sweet Dumpling *(C. pepo)*

Kleiner, runder, gerippter Kürbis mit einem Durchmesser von 8 bis 10 cm. Die Früchte sehen mit ihren cremefarbenen und grünen Streifen sehr attraktiv aus. Die Pflanze braucht nicht viel Platz. Eine Auslese, »Sweet Mischief«, wird von verschiedenen Firmen angeboten und ist

ertragreicher als »Sweet Dumpling«. Das gelbliche Fleisch ist süß und hat einen nussigen Geschmack. Die Lagerdauer beträgt höchstens 2 Monate.
Die Reifezeit beträgt 100 Tage.

Sweet Mama *(C. maxima)*

Eine sehr empfehlenswerte Sorte. Sie wächst buschig und bildet rundliche Kürbisse mit einem Durchmesser von ungefähr 20 cm. Die Kürbisse sind grün und haben hellgrün-olivegrün längliche Streifen, vom Stiel bis zum Blütenansatz verlaufend. Die Pflanze trägt 5 bis 8 Kürbisse. Das kräftig orange, feste Fleisch ist 3 cm dick und von hervorragendem Geschmack. »Home Delite« ist eine sehr ähnliche Sorte, die aber eher rankt und nicht buschig wächst.
Die Reifezeit beträgt 110 Tage.

Turbankürbis *(C. maxima)*

Normalerweise wird dieser Kürbis wegen seiner wunderschönen Form und Farbe als Zierkürbis angebaut. Verschiedene Auslesen sind im Handel erhältlich, beispielsweise eine rote Form mit weißem Turban oder aber Mini-Turbankürbisse. Viel Platz nimmt diese Sorte nicht in Anspruch. Die Früchte können bis zur Verwendung in der Küche als Dekoration verwendet werden. Der »Turbankürbis« eignet sich besonders gut zum Füllen; der »Turban« wird abgeschnitten, die Samen entfernt und die Frucht nach Belieben gefüllt. Kann bis zu 3 Monaten gelagert werden.
Die Reifezeit beträgt 110 Tage.

Der Kürbis in der Küche

Die Sortenfrage

Im botanischen Teil wurde eine kleine Auswahl der weitverbreitetsten Speisekürbisse in Wort und Bild vorgestellt. Für die Zubereitung von Suppen darf es ein wässeriger Kürbis sein. Für Backwaren soll das Kürbispüree trocken sein, eine mehlige Kürbissorte ist also von Vorteil. Süßlich schmeckende Kürbissorten wie »Muscade de Provence« eignen sich für die Zubereitung von rohem Salat und Fruchtsalat.

Im Zweifelsfall probiert man den Kürbis am besten roh, dann weiß man rasch, ob er nun wässerig, mehlig oder süßlich ist. Was die Sache vielleicht etwas erschwert, sind die je nach Region verwendeten unterschiedlichen Namen. Wir hoffen natürlich, daß Sie gerne experimentieren; das macht die Kürbisküche spannend und abwechslungsreich, denn je nach verwendeter Kürbissorte wird ein Gericht immer wieder anders schmecken.

Das Schälen ist nicht immer einfach

Die Kürbisse müssen je nach Sorte und Reifezustand geschält werden. Ein junger Kürbis der Sorte Buttercup oder Golden Hubbard kann für ein Ragout, ein Ratatouille oder ein Gratin sehr gut samt Schale verwendet werden. Am besten probieren Sie es selber aus.
Jungen Kürbis oder Kürbis mit weicher Schale kann man mit einem Kartoffelschäler (Sparschäler) schälen. Ein älterer Kürbis wird am besten mit einem scharfen Messer geviertelt. Sehr harte Kürbisse müssen unter Umständen mit einem Knochenbeil in die einzelnen Stücke zerlegt werden. Oder man steckt die ganze

Frucht in den Backofen und gart sie 40 bis 60 Minuten bei 200 Grad. Dann wird der Kürbis geteilt, entkernt und das Fruchtfleisch mit einem Eßlöffel aus der Schale genommen.

Ein »messertauglicher« Kürbis wird mit einem Eßlöffel oder von Hand entkernt und die einzelnen Kürbisstücke mit einem scharfen Messer geschält. Gut geeignet ist dazu ein japanisches Gemüsemesser (erhältlich in vielen Naturkostläden oder Haushaltwarengeschäften). Man kann den harten Kürbis auch in Spalten schneiden und kurze Zeit im Dampf garen, das erleichtert das Schälen.

Kürbispüree - Grundrezept

Da der Kürbis je nach Sorte ein anderes Fruchtfleisch hat, wird auch das Püree unterschiedlich ausfallen. Je mehr man mit Kürbis kocht, desto mehr Erfahrung wird man im Umgang mit den einzelnen Kürbissorten bekommen und wissen, welche Kürbissorte sich für welche Zubereitung am besten eignet.

1 Den Kürbis schälen und entkernen. Das Fleisch würfeln.

2 Den Kürbis am besten in einem Siebeinsatz im Dampf rund 20 Minuten garen, bis das Fruchtfleisch weich ist.

3 Das weiche Kürbisfleisch entweder durch das Passetout/Passevite drehen oder im Mixerglas oder mit dem Stabmixer pürieren. Sehr weiches Kürbisfleisch und kleine Mengen können auch mit der Gabel zerdrückt werden. Faserige Kürbissorten ergeben ein feineres Püree, wenn man den Kürbis durch ein Passetout/Passevite dreht. Dieses Püree eignet sich vor allem für Backwaren.

4 Das Kürbispüree abtropfen lassen. Dazu das Püree in ein feines Sieb gießen. Wenn man das Sieb zusätzlich mit einem Gazetuch oder einem Küchentuch auslegt, wird das Püree noch trockener. Je länger man es abtropfen lassen kann, desto besser. Ideal ist, es über Nacht zum Abtropfen in den Kühlschrank zu stellen.

5 Die abgetropfte Flüssigkeit für die Zubereitung von Suppen und Saucen verwenden. Das Püree kann frisch verwendet werden, man kann es aber auch tiefkühlen. Nach dem Auftauen muß man das Püree unbedingt nochmals abtropfen lassen.

Wichtig

Wenn in einem Rezept »Kürbispüree« gebraucht wird, handelt es sich normalerweise immer um gut abgetropftes Püree. Je wässeriger ein Kürbis ist, desto mehr Fruchtfleisch braucht es für das Püree. Je mehliger ein Kürbis ist, z. B. Hubbard und Potimarron, desto mehr Kürbispüree gibt es.

500 g Moschuskürbis ergeben 200-300 g Püree, wenn man es gut abtropfen läßt.
500 g Potimarron (mehlige Sorte) ergeben ca. 400 g Püree.

Mit Kürbispüree backen

Ersetzt das Kürbispüree das Wasser oder eine andere Flüssigkeit, darf auch ein feuchteres Püree verwendet werden, z. B. beim Pizzateig. Für die Zubereitung von Gnocchi oder Pies sollte ein möglichst trockenes Kürbispüree verwendet werden, da sonst die Konsistenz nicht stimmt.

Merke:

Die Kürbismenge immer genau abwiegen. Das Kürbispüree nicht auf einmal dazugeben, sondern in Portionen. Zufügen kann man immer!

Kürbispüree konservieren

- Das Kürbispüree kann tiefgekühlt werden.
- Das Kürbispüree kann heiß eingefüllt werden, siehe Rezept Seite 113.

Kleinkindernährung

Der Kürbis eignet sich genauso gut wie die Möhren/ Karotten für die Kleinkindernährung. Die Kartoffeln und der Kürbis werden zusammen im Dampf gegart und anschließend püriert. Das Püree kann mit wenig süßer Sahne/Rahm und Butter verfeinert werden.

Auch im Grießbrei schmeckt der Kürbis kleinen Kindern. Den Kürbis mit der Rohkostreibe reiben und zusammen mit der Milch und dem Grieß kochen. Mit wenig Honig abschmecken.

Für eine fruchtige Zwischenmahlzeit können Kürbispüree (Seite 31) und Apfelmus oder fein geriebene rohe Äpfel miteinander gemischt werden. Auch zerdrückte Bananen können mit dem Kürbispüree gemischt werden. Nach Belieben mit flüssigem Honig süßen.

Kürbissuppe mit Orangensaft

600 g Kürbisfleisch
2 mittelgroße Zwiebeln
1 EL Butterschmalz/ Bratbutter
1-2 TL Currypulver
800 ml/8 dl Gemüsebrühe
125 ml/1,25 dl Orangensaft
1 TL geriebener Ingwer
Meersalz
75 g/0,75 dl süße Sahne/Rahm
2 EL gehackte Pistazien

1 Den Kürbis würfeln. Die Zwiebeln fein hacken.

2 Die Zwiebeln im Butterschmalz andünsten. Das Currypulver darüberstäuben und bei kleiner Temperatur mitdünsten. Den Kürbis dazugeben und weiterdünsten. Mit der Gemüsebrühe aufgießen. Köcheln lassen, bis der Kürbis weich ist. Pürieren.

3 Die Cremesuppe aufkochen. Den Orangensaft und den Ingwer unterrühren. Mit Salz abschmecken.

4 Die Sahne steif schlagen und unter die Suppe ziehen. Anrichten. Mit den Pistazien garnieren.

Kürbissuppe mit Rote-Bete-Würfelchen

400 g Kürbisfleisch
1 kleine Kartoffel
100 g gekochte rote Bete/Randen
1 Bund Schnittlauch
1 EL Butterschmalz/ Bratbutter
1 l Gemüsebrühe
Kräutermeersalz
Pfeffer aus der Mühle
1 TL geriebener Ingwer
4 EL saure Sahne/ Sauerrahm

1 Den Kürbis und die geschälte Kartoffel würfeln. Die rote Bete schälen, in Würfelchen (Brunoise) schneiden. Den Schnittlauch ebenfalls fein schneiden.

2 Den Kürbis und die Kartoffeln im Butterschmalz andünsten. Mit der Gemüsebrühe aufgießen, 15 Minuten köcheln lassen, bis das Gemüse weich ist. Die Suppe pürieren und abermals aufkochen. Würzen.

3 Die Kürbissuppe anrichten. Die Gemüsewürfelchen und den Schnittlauch darüberstreuen. Einen Klecks saure Sahne in die Mitte geben.

oben: Kürbissuppe mit Orangensaft
unten: Kürbissuppe mit Rote-Bete-Würfelchen
rechts: Kürbisbrot, Rezept S. 97

Kürbis-Grünkern-Suppe

500 g Kürbisfleisch
1 EL Butter
300 ml/3 dl Weißwein
700 ml/7 dl Gemüsebrühe
6 Nelken
1 Zimtstange
50 g Grünkernmehl
4 EL Essig
1 EL Honig
Kräutermeersalz
schwarzer Pfeffer aus der Mühle
Tabascosauce

1 Den Kürbis würfeln, in der Butter andünsten. Mit dem Weißwein und der Gemüsebrühe aufgießen. Die Nelken und die Zimstange dazugeben. Die Suppe auf kleinem Feuer 15 Minuten köcheln lassen, bis der Kürbis weich ist. Der Suppe 1/3 der Kürbiswürfel sowie die Zimtstange und die Nelken entnehmen.

2 Die Suppe abermals aufkochen, das Grünkernmehl unter Rühren dazugeben. Weitere 15 Minuten köcheln lassen, bis die Suppe sämig ist. Die Kürbiswürfel wieder dazugeben. Die Suppe eventuell mit wenig Gemüsebrühe verdünnen. Süßsauer abschmecken mit Essig und Honig. Würzen mit Kräutersalz, Pfeffer und Tabascosauce.

Chinesische Suppe mit Bockshornklee

500 g Kürbisfleisch
1 kleine Zwiebel
2 EL Olivenöl extra nativ
1 l Gemüsebrühe
Kräutermeersalz
1 TL Chinagewürz
2 Prisen Ingwerpulver
1 Msp. Safranpulver
1 Msp. Cayennepfeffer
1 EL Zitronensaft
50 ml/0,5 dl Sojamilch
Kräutermeersalz
2 EL Bockshornkleesprossen
2 EL Kürbiskerne

1 Den Kürbis klein würfeln. Die Zwiebel fein hacken.

2 Den Kürbis und die Zwiebeln im Olivenöl andünsten. Mit der Gemüsebrühe aufgießen. Die Gewürze dazugeben, rund 15 Minuten köcheln lassen. Pürieren.

3 Die Suppe mit dem Zitronensaft und der Sojamilch aufkochen, mit Kräutermeersalz abschmecken.

4 Die Kürbissuppe anrichten. Mit den Sprossen und den Kürbiskernen garnieren.

Kürbissuppe mit Amaretti

1 Den Kürbis würfeln. Die Zwiebeln fein hacken.

2 Die Zwiebeln im Butterschmalz andünsten, den Kürbis kurz mitdünsten. Mit der Hälfte der Milch angießen. Die Hälfte der Amaretti beifügen. Auf kleinem Feuer 15 Minuten köcheln lassen. Die Suppe mit dem Stabmixer oder im Mixerglas pürieren.

3 Die Kürbiscremesuppe mit der restlichen Milch aufkochen, würzen. Mit dem Honig abschmecken.

4 Die Suppe anrichten. Die restlichen Amarettibrösel und die Petersilie darüberstreuen.

- 500 g Kürbisfleisch
- 1 mittelgroße Zwiebel
- 1 EL Butterschmalz/ Bratbutter
- 1 l Milch
- 80 g Amaretti, zerbröckelt
- 2 Msp. geriebene Muskatnuß
- 2 Msp. Cayennepfeffer
- 1 Msp. Chilipfeffer
- Kräutermeersalz
- 1 TL Honig
- 2 EL fein gehackte Petersilie

Kürbissuppe mit Lemongras

1 Den Kürbis würfeln. Die Zwiebel fein hacken. Kürbis und Zwiebeln im Butterschmalz andünsten. Den Knoblauch dazupressen. Mit der Gemüsebrühe angießen. Köcheln lassen, bis der Kürbis weich ist. Pürieren.

2 Die Suppe aufkochen. Würzen mit Kräutersalz, Pfeffer, Muskatnuß und Lemongras. Je nach Konsistenz mit Gemüsebrühe verdünnen.

3 Die Cremesuppe anrichten. Mit der geschlagenen süßen Sahne und der Petersilie garnieren.

- 500 g Kürbisfleisch
- 1 mittelgroße Zwiebel
- 1 EL Butterschmalz/ Bratbutter
- 1 Knoblauchzehe
- $^1/_2$ l Gemüsebrühe
- Kräutermeersalz
- Pfeffer aus der Mühle
- 1 Msp. geriebene Muskatnuß
- 1 TL fein gehacktes Lemongras oder 1 EL fein gehackte Zitronenmelisse
- 100 g/1 dl süße Sahne/Rahm
- fein gehackte Petersilie

Kalte Kürbissuppe

750 g Kürbisfleisch
2 Frühlingszwiebeln mit Grün oder 1 kleiner Lauch
1 kleine Pfefferschote/ Peperoncino
1 kleine Knoblauchzehe
1 TL Maiskeimöl
1/2 TL Ingwerpulver
1 Prise Kreuzkümmel
1 l Gemüsebrühe
200 ml/2 dl frische Kokosmilch, Seite 41
Sojasauce
Limettenscheiben

1 Den Kürbis klein würfeln. Die Frühlingszwiebeln fein hacken. Die Pfefferschote längs halbieren, entkernen und fein hacken. Den Knoblauch fein hacken.

2 Die Zwiebeln im Öl andünsten. Pfefferschoten, Knoblauch und Kürbis mitdünsten. Ingwer und Kreuzkümmel dazugeben. Mit der Gemüsebrühe aufgießen, 15 bis 20 Minuten köcheln lassen. Pürieren.

3 Die Kokosmilch unter die Kürbiscremesuppe rühren, mit der Sojasauce abschmecken. Kühl stellen.

4 Die gekühlte Suppe mit den Limettenscheiben garnieren.

Kürbissuppe mit Crème fraîche

400 g Kürbisfleisch
1 kleine Kartoffel
1 kleine Zwiebel
1 Prise Muskatnuß
1 Prise gemahlener Koriander
1 Prise weißer Pfeffer
1 EL Butterschmalz/ Bratbutter
800 ml/8 dl Gemüsebrühe
1 EL Crème fraîche
reichlich glattblättrige Petersilie

1 Den Kürbis würfeln. Die Kartoffel schälen und ebenfalls würfeln. Die Zwiebel fein hacken.

2 Zwiebeln, Muskatnuß, Koriander und Pfeffer im Butterschmalz andünsten. Den Kürbis und die Kartoffeln dazugeben und mitdünsten. Mit der Gemüsebrühe aufgießen. Die Suppe 15 bis 20 Minuten köcheln lassen. Pürieren.

3 Die Suppe erneut erhitzen. Anrichten. Mit einem Eßlöffel Crème fraîche und der Petersilie garnieren.

Kürbissuppe mit Crème fraîche

Kürbis-Kokos-Suppe

1 kleine Zwiebel
200 g Kürbisfleisch
200 g Möhren/Karotten
1 EL Sesamöl oder Butterschmalz/Bratbutter
250-300 ml/2,5-3 dl Gemüsebrühe
4 EL frisches Kokosfleisch
Milch einer Kokosnuß
$1/2$ l heiße Milch
1 TL geriebener Ingwer oder $1/2$ TL Ingwerpulver
1 TL Honig
1 TL mildes Currypulver
2 TL Zitronensaft
1 Msp. Pfeffer
Meersalz
Kokos-Chips oder Kokosflocken (erhältlich im Reformhaus)

1 Die Zwiebel fein hacken. Den Kürbis würfeln. Die Möhren schälen und würfeln.

2 Die Zwiebeln im Öl oder im Butterschmalz andünsten. Den Kürbis und die Möhren mitdünsten. Mit der Gemüsebrühe angießen, 20 Minuten köcheln lassen.

3 Das Gemüse mit dem Kokosfleisch und der Kokosmilch pürieren, die heiße Milch unterrühren. Würzen. Die Suppe nicht mehr kochen, da sie gerinnen kann (Zitronensaft).

4 Die scharfe Suppe mit Kokos-Chips oder Kokosflocken bestreut servieren.

Produktinfo

Wenn keine Kokosnuß erhältlich ist, können auch Kokosraspel oder Kokospüree verwendet werden.

Variante

Die Möhren durch Kürbis ersetzen.

Jamaikanische Kürbissuppe

1 Für die Kokosmilch das Wasser oder die Milch aufkochen, über die Flocken gießen. 30 Minuten einweichen, dann das Ganze im Mixerglas 2 Minuten pürieren.

2 Die Tomaten an der Spitze über Kreuz einschneiden. In einem Schaumlöffel in kochendes Wasser tauchen, bis sich die Haut zu lösen beginnt. Die Früchte schälen, den Stielansatz entfernen, würfeln. Die Zwiebeln fein hacken. Den Kürbis würfeln.

3 Tomaten und Zwiebeln in der Gemüsebrühe 15 Minuten kochen. Kürbis, Kokosmilch, durchgepreßte Knoblauchzehen und Gewürze dazugeben. Auf kleinem Feuer 20 Minuten kochen, bis der Kürbis weich ist. Die Suppe pürieren, mit Salz abschmecken.

4 Die Kürbissuppe anrichten. Mit den Kokosraspel und dem Koriander garnieren.

Produktinfo

Koriander kann in jedem Garten wie Petersilie gezogen werden. Koriandersamen sind als Gewürz im Handel erhältlich. Sie sind eine typische Zutat in der indischen und thailändischen Küche. Wenn man für die Kokosmilch anstatt Wasser Milch verwendet, wird sie sämiger. Die Kokosmilch kann übrigens in jedem Thai-Shop gekauft werden.

500 g Tomaten
200 g Zwiebeln
1 kg Kürbisfleisch
250 ml/2,5 dl Gemüsebrühe
1/2 l Kokosmilch
2 Knoblauchzehen
1 Msp. Safran, für die Farbe
1 TL gehackter Ingwer oder 1/2 TL Ingwerpulver
1 TL Rosenpaprikapulver
1 Prise geriebene Muskatnuß
1 Prise Chilipulver
Meersalz

1 EL Kokosraspel
fein gehackter Koriander oder Petersilie

Kokosmilch

170 g Kokosflocken
600 ml/6 dl Wasser oder Milch

Kartoffel-Kürbis-Salat

1 Die Kartoffeln im Dampf garen, noch warm schälen und in Scheiben schneiden. Mit der Sauce mischen. 30 Minuten ziehen lassen.

2 Den Kürbis mit der Rohkostreibe raspeln. In Öl andünsten, leicht salzen.

3 Die Zwiebeln fein hacken, zusammen mit dem Kürbis sorgfältig unter den Kartoffelsalat mischen. Mit den Kürbiskernen und der Pfefferminze garnieren.

- 800 g festkochende Kartoffeln
- 400 g Kürbisfleisch
- 1 EL Olivenöl extra nativ
- 2 kleine Zwiebeln
- 4 EL geröstete Kürbiskerne
- wenig frische Pfefferminze

Sauce

- 100 ml/1 dl Gemüsebrühe
- 5 EL Apfelessig
- 2 Orangen, Saft
- wenig frischer Ingwer
- 4 EL Olivenöl extra nativ
- ½ TL mildes Currypulver
- Pfeffer, Salz

Kürbis-Zucchini-Melonen-Salat auf Sprossen

1 Zucchino, Kürbis und Melone klein würfeln. Die Pinienkerne trocken rösten.

2 Sämtliche Zutaten mit der Sauce mischen. 15 Minuten ziehen lassen. Vor dem Servieren nochmals abschmecken. Auf den Sprossen anrichten

- 1 kleiner Zucchino
- 150 g Kürbisfleisch (Moschus-Sorte)
- ½ Honigmelone
- 1 EL Pinienkerne
- 1-2 Orangen, in Filets

Sauce

- 2 EL Balsamessig
- 1 Orange, Saft
- 1 Prise Ingwerpulver
- Pfeffer aus der Mühle
- 1 Prise Meersalz
- 2 EL kaltgepreßtes Sonnenblumenöl
- Sprossen

oben: Kartoffel-Kürbis-Salat
unten: Kürbis-Chips, Rezept S. 59

Novembersalat

- 2-3 EL Kürbiskerne
- 400 g Kürbisfleisch (Moschus-Sorte)
- 1 EL kaltgepreßtes Sonnenblumenöl
- 200 g Champignons
- 200 g Feldsalat/Nüßlisalat

Salatsauce

- 3 EL Balsamessig
- Kräutermeersalz
- Pfeffer aus der Mühle
- 2 EL kaltgepreßtes Walnuß-/Baumnußöl
- 3 EL kaltgepreßtes Sonnenblumenöl
- 1 Stück Ingwer
- 1 EL fein gehackte Petersilie

1 Die Kürbiskerne trocken rösten.

2 Den Kürbis mit der Röstiraffel raspeln. Die Champignons putzen und in Scheiben schneiden.

3 Den Kürbis in der Hälfte des Öls andünsten, aus der Pfanne nehmen und beiseite stellen. In der gleichen Pfanne im restlichen Öl die Pilze andünsten.

4 Die Sauce zubereiten. Den Ingwer schälen und mit der Bircher-Rohkostreibe direkt in die Sauce reiben. Die Petersilie beifügen.

5 Den Feldsalat gefällig auf Tellern anrichten. Mit wenig Sauce beträufeln. Die restliche Sauce mit dem Kürbis und den Pilzen vermengen, auf dem Feldsalat anrichten. Die Kürbiskerne darüberstreuen.

Kürbis-Möhren-Salat mit Äpfeln

2 rote Äpfel
200 g Möhren/Karotten
frischer Ingwer oder Ingwerpulver
350 g erntefrisches Kürbisfleisch
1 Zitrone, Saft
4-5 EL süße Sahne/Rahm
Meersalz
1 Handvoll Walnüsse/Baumnüsse
wenig fein gehackte Petersilie

1 Die Äpfel waschen, nicht schälen. Die Möhren schälen. Die Nüsse fein hacken. Den Ingwer schälen und fein hacken.

2 Kürbis, Möhren und Äpfel mit der Rohkostreibe raspeln, mit dem Zitronensaft und der süßen Sahne mischen. Mit Salz abschmecken. Die Nüsse und den Ingwer untermischen. Ziehen lassen.

3 Den Salat in ausgehöhlte Little Jack o´Lantern oder in ausgehöhlte Äpfel füllen. Mit der Petersilie garnieren.

Bild Seite 67

Kürbissalat an Joghurtsauce

350 g erntefrisches Kürbisfleisch

Sauce
3 EL Zitronensaft
1 EL Balsamessig
1/4 TL Anispulver
1 EL flüssiger Honig
1/2 TL Meersalz
Pfeffer aus der Mühle
100 g Vollmilchjoghurt
Kresse oder Schnittsalat
50 g gehackte Haselnüsse
einige Pfefferminzblättchen

1 Alle Saucenzutaten verrühren.

2 Den jungen Kürbis mit der Rohkostreibe in die Sauce raspeln, mischen. Den Salat einige Zeit ziehen lassen.

3 Die Kresse oder den Schnittsalat auf Teller verteilen. Mit wenig Essig und Öl beträufeln. Den Kürbissalat darauf anrichten. Die Nüsse darüberstreuen. Mit den Pfefferminzblättchen garnieren.

Lydias Kürbisspätzle

500 g Dinkelruchmehl oder -vollkornmehl
1 EL Meersalz
5-6 Freilandeier
500 g mehliges Kürbispüree, Seite 31

Tip

Als Beilage zu Fleisch genügt die halbe Menge.

1 Das Mehl und das Salz in einer Schüssel mischen. Zuerst die Eier, dann das Kürbispüree unter das Mehl rühren. Den Teig 5 bis 10 Minuten rühren, dann zugedeckt 30 Minuten ruhen lassen.

2 Den Teig mittels Spätzlehobel portionsweise in reichlich kochendes Salzwasser streichen. Die Spätzle an die Oberfläche steigen lassen, mit einem Schaumlöffel herausnehmen, mit wenig Butter mischen. Warm stellen.

Variante

Die Spätzle mit geriebenem Käse und feinen Zwiebelscheiben überbacken. Oder die Spätzle mit einem Ratatouille servieren.

Einfaches Kürbis-Zucchini-Gemüse

400 g Kürbisfleisch
2 mittelgroße Zucchini
1 kleine Zwiebel
1 Knoblauchzehe
2 EL Olivenöl extra nativ
Kräutermeersalz
Pfeffer aus der Mühle
frischer oder getrockneter Thymian

1 Das Kürbisfleisch und die Zucchini mit der Rohkostreibe raspeln. Die Zwiebel fein hacken.

2 Die Zwiebeln und den durchgepreßten Knoblauch im Öl andünsten, das Gemüse dazugeben und mitdünsten. Würzen. Auf kleinem Feuer rund 10 Minuten dünsten. Die Kräuter untermischen.

oben: einfaches Kürbis-Zucchini-Gemüse
unten: Maisburger mit Kürbis und Tomaten, Rezept S. 48

Maisburger mit Kürbis und Tomaten

Polenta

- 125 g Bramata-Maisgrieß
- 600 ml/6 dl Gemüsebrühe
- 75 g geriebener Parmesan
- 1 EL Olivenöl extra nativ
- 2 EL fein geschnittenes Basilikum

Belag

- 1 Stück Kürbisfleisch
- 2 EL Olivenöl extra nativ
- Kräutermeersalz
- Pfeffer aus der Mühle
- 2 große Tomaten
- Balsamessig
- 1 TL getrockneter Oregano
- 150 g Mozzarella
- 8 frische Basilikumblätter, für die Garnitur

1 Den Maisgrieß mit der Gemüsebrühe unter Rühren aufkochen, auf kleinem Feuer unter häufigem Rühren 20 Minuten köcheln lassen, bis der Grieß die Konsistenz einer festen Polenta hat. Parmesan, Öl und Basilikum unterrühren. Die Polenta in einer gefetteten Form 1 cm dick ausstreichen. Am besten über Nacht stehen lassen. Mit einem runden Ausstecher 16 Kreise von ca. 8 cm Durchmesser ausstechen.

2 Den Kürbis in 5 mm dicke Scheiben schneiden und gleich große Kreise wie aus der Polenta ausstechen. Die Kürbiskreise in ein gefettetes Blech legen, mit Salz und Pfeffer würzen. Im vorgeheizten Ofen bei 220 Grad rund 10 Minuten backen.

3 Bei den Tomaten den Stielansatz herausschneiden. Aus jeder Tomate 4 Scheiben schneiden. Mit Balsamessig und Salz würzen.

4 Die Hälfte der Polentascheiben in ein gefettetes Blech legen. Mit einer Kürbis- und einer Tomatenscheibe belegen, den Oregano darüberstreuen, abschließen mit einer Polentascheibe. Aus dem Mozzarella 8 Scheiben schneiden, auf die Polentascheiben legen. Mit Pfeffer würzen.

5 Die Maisburger im vorgeheizten Ofen bei 200 Grad rund 15 Minuten backen. Mit frischem Basilikum und grobem Pfeffer aus der Mühle garnieren.

Bild Seite 47

Kürbis-Kastanien-Curry-Eintopf

- 800 g mehliges Kürbisfleisch
- 1 Zwiebel
- 2 TL Currypulver
- 1 TL getrockneter Thymian
- 1 Prise Kurkuma/Gelbwurz
- 1 Prise Muskatnuß
- 1 Prise Paprikapulver
- 1 EL Olivenöl extra nativ
- 2 EL Rosinen
- 400 g tiefgekühlte Kastanien
- 400-500 ml/4-5 dl Gemüsebrühe
- Meersalz
- Crème fraîche
- 1-2 EL geröstete Pinien- oder Kürbiskerne
- Petersilie oder Thymian, für die Garnitur

1 Das Kürbisfleisch würfeln. Die Zwiebel fein hacken.

2 Kürbis, Zwiebeln und Gewürze im Olivenöl andünsten. Die Rosinen und die noch gefrorenen Kastanien beifügen, mit der Gemüsebrühe angießen. Das Ganze zugedeckt, möglichst ohne zu rühren (damit die Kastanien nicht zerfallen) 15 Minuten köcheln lassen. Je nach Konsistenz noch wenig Gemüsebrühe angießen. Mehliger Kürbis nimmt viel Flüssigkeit auf. Mit Salz abschmecken.

3 Den Eintopf anrichten. Garnieren mit einem Klecks Crème fraîche, den Pinienkernen und den Kräutern.

Pikante Kürbiskrapfen

- 300 g gut abgetropftes Kürbispüree, Seite 31
- 150 g Vollkornmehl
- 1 Briefchen phosphatfreies Backpulver
- 1/2 TL Kräutermeersalz
- Pfeffer aus der Mühle
- 1/2 TL getrocknete Provencekräuter
- 50 g Vollmilchquark
- 1 Freilandei
- 1 EL Reibkäse, nach Belieben
- Maiskeimöl zum Fritieren

1 Alle Zutaten in eine Schüssel geben und zu einem glatten Teig rühren. Den Teig 30 Minuten quellen lassen.

2 Den Teig mit einem Eßlöffel portionieren und die Klöße in der heißen Friteuse rund 5 Minuten backen.

Gefüllter Turbankürbis

1 mittelgroßer Turbankürbis
1 EL Olivenöl extra nativ
Kräutermeersalz
1 große Zwiebel
1-2 Knoblauchzehen
250-300 g Rinderhackfleisch
1 EL Olivenöl extra nativ
Pfeffer aus der Mühle
300 g Steinpilze oder Champignons oder andere Pilze
150 g Kürbisfleisch
200 ml/2 dl Gemüsebrühe
1 TL Provencekräuter
150 g gekochter Reis

Tip

Mit einer Tomatensauce servieren. Die Mengen variieren je nach Größe des Kürbis. Die Füllung kann auch zum Füllen von Auberginen und Gemüsepaprika verwendet werden. Ein herrliches Gericht, wenn Gäste kommen. Kann sehr gut vorbereitet werden und macht allen viel Spaß beim gemeinsamen Essen.

1 Vom Turbankürbis einen Deckel abschneiden. Bei älteren Kürbissen ist die Schale sehr hart; man braucht ein scharfes Messer. Den Kürbis mit einem Eßlöffel aushöhlen. An den Wänden darf etwas Fruchtfleisch zurückbleiben; es kann auch gegessen werden. Den ausgehöhlten Kürbis innen mit Olivenöl einpinseln und leicht salzen. Den Deckel aufsetzen. Im vorgeheizten Ofen bei 200 Grad 30 Minuten schmoren, bis die Haut Blasen wirft.

2 Die Zwiebel fein hacken. Zwiebeln, durchgepreßten Knoblauch und Hackfleisch im Öl anbraten. Mit Salz und Pfeffer würzen. Das Fleisch herausnehmen und auf die Seite stellen.

3 Die Pilze putzen, in Streifen oder Scheiben schneiden. In der Fleischpfanne im Olivenöl andünsten.

4 150 g ausgehöhltes Kürbisfleisch klein würfeln, in wenig Gemüsebrühe mit den Provencekräutern 5 Minuten köcheln lassen.

5 Hackfleisch, Reis, Pilze und Kürbis mischen, pikant würzen. In den Kürbis füllen. Die Gemüsebrühe (200 ml) darübergießen. Den gefüllten Kürbis bei 200 Grad 30 bis 45 Minuten backen. Den Deckel nur für die letzten 10 Minuten aufsetzen.

Süße Kürbiskrapfen

600 g Dinkelruchmehl
500 g nicht zu nasses Kürbispüree, Seite 31
125 g Vollrohrzucker
1 Hefewürfel (42 g)
250 ml/2,5 dl lauwarme Milch
1 Freilandei
1 Prise Meersalz
1 unbehandelte Zitrone, abgeriebene Schale
100 g ungeschwefelte Rosinen
Maiskeimöl zum Fritieren

Für 6 bis 8 Portionen

1 Mehl, Kürbispüree und einen Teil des Zuckers in einer Schüssel verrühren. Die Hefe und den restlichen Zucker in der lauwarmen Milch auflösen, in die Schüssel geben. Ei, Salz, Zitronenschalen und Rosinen ebenfalls dazugeben. Das Ganze zu einem glatten Teig verarbeiten, 5 Minuten rühren. Den Teig mit einem feuchten Tuch bedecken, an einem warmen Ort 30 Minuten gehen lassen.

2 Den Teig mit einem Eßlöffel portionieren und die Klößchen im heißen Fritieröl backen.

3 Die Krapfen mit Ahornsirup, Pflaumenmus, Vanillesauce oder Zimt und Zucker servieren.

Variante

Der Teig kann auch in kleinen Soufflëförmchen gebacken werden. Die Förmchen einfetten, den Teig einfüllen, im vorgeheizten Ofen bei 180 Grad auf mittlerem Einschub 25 bis 30 Minuten backen. Die kleinen Kuchen sehen wie Panettone aus; sie können auch gut zum Frühstück serviert werden.

Kürbisnudeln

300 g Kürbispüree, Seite 31
400 g Dinkel- oder Weizenruchmehl
1 Freilandei
½ TL Meersalz
1 TL Olivenöl extra nativ

1 Das Mehl auf die Arbeitsfläche häufen, eine Vertiefung machen. Kürbispüree, Ei und Salz in die Vertiefung geben. Langsam mischen und zu einem Teig zusammenfügen. Der Teig soll geschmeidig sein und darf an den Fingern nicht kleben. Je nach Konsistenz wenig Wasser oder Mehl einkneten. Den Teig mit Olivenöl einpinseln, in Klarsichtfolie einwickeln und 30 Minuten ruhen lassen.

2 Den Teig auf bemehlter Arbeitsfläche dünn ausrollen. Je nach Verwendung Nudeln oder Lasagneblätter schneiden. Die Nudeln vor dem Kochen 5 Minuten auf einem Küchentuch trocknen lassen.

3 Die Kürbisnudeln in reichlich Salzwasser 5 bis 8 Minuten al dente kochen.

Tip

Als Beilage zu Gemüse oder Fleisch servieren. Mit einer Sauce nach Wahl auch als Hauptmahlzeit servieren. Für die Zubereitung einer Lasagne die Nudelblätter frisch verarbeiten, also nicht vorkochen. Die Nudeln können bei Zimmertemperatur auch getrocknet und nachher trocken aufbewahrt werden.

Kürbis-Peperonata

500 g Kürbisfleisch
2 grüne Gemüsepaprika/ Peperoni
2 EL Olivenöl extra nativ
½ TL mildes Currypulver
1 Prise Ingwerpulver oder frisch geriebener Ingwer
½ TL getrockneter Majoran
Meersalz
300 ml/3 dl Gemüsebrühe
1 EL fein gehackte Petersilie
geröstete Kürbiskerne, nach Belieben

1 Den Kürbis würfeln. Den Gemüsepaprika längs halbieren, den Stielansatz und die Kerne entfernen. Die Schotenhälften in Quadrate schneiden.

2 Kürbis und Gemüsepaprika im Öl andünsten. Würzen. Mit der Gemüsebrühe angießen. Zugedeckt rund 12 Minuten köcheln lassen, bis das Gemüse gar ist. Die Petersilie und die Kürbiskerne unterrühren.

Pikanter Kürbiskuchen

1 Für den Teig das Mehl und das Salz mischen. Das Öl in einen Mixbecher geben. Das Wasser erhitzen und zum Öl geben, sofort mit dem Mixstab 1 Minute rühren, damit die Flüssigkeit dickflüssig wird. Die Flüssigkeit zum Mehl geben, alles kurz zu einem Teig zusammenfügen. So wenig wie möglich kneten. Den Teig direkt in der gefetteten Form ausrollen. Am besten geht das mit einem kleinen Teigroller. Die Form kühl stellen.

2 Den Kürbis in mittelgroße Würfel schneiden, im Öl andünsten. Den Rosmarin unterrühren. Würzen mit Salz und Pfeffer. Auf den Teigboden verteilen.

3 Eier, Milch, süße Sahne und Parmesan verquirlen. Den Greyerzer Käse klein würfeln und zum Eierguß geben. Mit Salz und Pfeffer würzen. Den Guß über den Kürbis verteilen.

4 Den Kürbiskuchen im vorgeheizten Backofen bei 180 Grad auf mittlerem Einschub 20 bis 30 Minuten backen.

Variante

Auch Mürbeteig eignet sich für dieses Rezept, ebenso gekaufter Vollkornblätterteig.

Blitzkuchenteig

- 275 g Vollkornmehl
- 1/4 TL Meersalz
- 175 ml/1,75 dl Wasser
- 50 ml/0,5 dl Maiskeimöl

Füllung

- 500 g trockenes Kürbisfleisch
- 2 EL Olivenöl extra nativ
- 1 EL gehackte Rosmarinnadeln
- Kräutermeersalz
- Pfeffer aus der Mühle

- 2-3 Freilandeier
- 100 ml/1 dl Milch
- 2 EL süße Sahne/Rahm
- 2 EL geriebener Parmesan
- 100 g Greyerzer Käse
- Kräutermeersalz
- Pfeffer aus der Mühle

Für eine Kuchenform von 28-30 cm Durchmesser

Tip

Zusammen mit einem Glas Rotwein ein herrlicher Aperitif.

Spaghetti mit Kürbisragout

1 grüne Gemüsepaprika/Peperoni
2 Freilandtomaten
300 g Kürbisfleisch
5 junge Kürbisblätter oder 2 Salbeiblätter
einige Kürbisblüten
1 Knoblauchzehe
2 EL Olivenöl extra nativ
Kräutermeersalz
Pfeffer aus der Mühle
Rosenpaprikapulver
ca. 200 ml/2 dl Gemüsebrühe
1 EL Olivenöl extra nativ
100 g/1 dl süße Sahne/ Rahm
400 g Vollkorn-Spaghetti

Tip

Die Kürbismenge kann nach Belieben erhöht werden.

1 Die Gemüsepaprika halbieren, den Stielansatz und die Kerne entfernen, in Quadrate schneiden. Die Tomaten an der Spitze kreuzweise einschneiden, in einem Schaumlöffel in kochendes Wasser tauchen, bis sich die Haut zu lösen beginnt. Die Früchte schälen, den Stielansatz entfernen, in Streifen schneiden. Den Kürbis würfeln. Die Kürbisblätter oder die Salbeiblätter und die Kürbisblüten in Streifen schneiden.

2 Den durchgepreßten Knoblauch und die Gemüsepaprika im Olivenöl andünsten. Den Kürbis kurz mitdünsten. Würzen. Mit der Gemüsebrühe angießen, auf kleinem Feuer 10 Minuten köcheln lassen, bis das Gemüse gar ist.

3 Die Blätter und die Blüten in wenig Öl andünsten. Zusammen mit den Tomatenstreifen und der süßen Sahne zum Gemüseragout geben.

4 Die Spaghetti in reichlich Salzwasser al dente kochen, gut abtropfen lassen und mit dem Gemüseragout mischen. Mit Kürbisblüten oder frischem Basilikum garnieren.

oben: Risotto mit Kürbis und Rucola, Rezept S. 58
unten: Spaghetti mit Kürbisragout

Risotto mit Kürbis und Rucola

200 g Rundkorn-Naturreis
½ l Wasser
1 Lorbeerblatt

1 Zwiebel
400 g Kürbisfleisch
2 EL Olivenöl extra nativ
1 Knoblauchzehe
wenig getrockneter Thymian
300 ml/3 dl Gemüsebrühe
100 g/1 dl süße Sahne/ Rahm
wenig Weißwein, nach Belieben
Kräutermeersalz
Pfeffer aus der Mühle

Garnitur

Kürbisblüten
Olivenöl
1 Bund Rucola/Rauke

geriebener Parmesan

1 Den Reis mit dem Wasser und dem Lorbeerblatt aufkochen (kein Salz beifügen, da der Reis sonst hart bleibt), 20 Minuten auf kleinem Feuer kochen lassen. Auf der ausgeschalteten Wärmequelle zugedeckt 45 Minuten nachquellen lassen.

2 Die Zwiebel fein hacken. Den Kürbis klein würfeln. Die Zwiebeln im Öl andünsten, den Kürbis dazugeben und mitdünsten. Den Knoblauch dazupressen. Mit Thymian würzen und der Gemüsebrühe angießen, etwa 8 bis 10 Minuten köcheln lassen. Den Reis und die süße Sahne und nach Belieben wenig Weißwein beifügen und auf die gewünschte Konsistenz einköcheln lassen. Eventuell mit wenig Gemüsebrühe verflüssigen. Abschmecken mit Kräutersalz und Pfeffer.

3 Die Kürbisblüten in Streifen schneiden, im Öl kurz dünsten.

4 Den Rucola fein schneiden, zusammen mit den gedünsteten Kürbisblüten unter das Risotto mischen. Den Käse separat servieren.

Bild Seite 58

Kürbis-Chips

1 Den Kürbis halbieren und entkernen. Die Fruchthälften schälen, in feine Sicheln schneiden. Die Sicheln in ein gefettetes Backblech legen. Mit Salz und Pfeffer würzen.

2 Die Kürbis-Chips im vorgeheizten Backofen bei 220 Grad rund 15 Minuten knusprig backen. Die Backzeit kann je nach Dicke der Sicheln variieren.

Variante

Für Pommes frites einen mehligen Kürbis (Hubbard oder Potimarron) schälen, halbieren und entkernen, in Stäbchen schneiden. Die Stäbchen in wenig Ruchmehl/Graumehl wenden und im Maiskeimöl 3 bis 4 Minuten schwimmend backen. Mit Kräutersalz würzen.

Bild Seite 42

1 kleiner Potimarron oder Buttercup
Meersalz
Pfeffer aus der Mühle
Olivenöl für das Blech

Tip

Zum Aperitif servieren.

Kürbis im Ausbackteig

1 Den Kürbis in mundgerechte Stücke schneiden.

2 Ei, Bier und Mehl zu einem glatten Teig rühren. Würzen. Die Petersilie unterrühren. Den Teig 10 Minuten quellen lassen.

3 Die Kürbisstücke im Teig wenden, im Maiskeimöl 5 bis 8 Minuten schwimmend backen. Mit Kräutersalz würzen.

400 g mehliges, festes Kürbisfleisch

Ausbackteig

1 Freilandei
50 ml/0,5 dl Bier oder Apfelsaft
3 EL Vollkornmehl
Pfeffer aus der Mühle
Meersalz
1 EL fein gehackte Petersilie
Maiskeimöl zum Fritieren
Kräutermeersalz

Schnelles Kürbisgratin mit Gartenkräutern

- 800 g Kürbisfleisch
- 2 Knoblauchzehen
- 1 Sträußchen Petersilie
- 1 Bund Schnittlauch
- wenig Dinkelmehl
- 2 EL gehackte Gartenkräuter
- Kräutermeersalz
- Pfeffer aus der Mühle
- 150 g/1,5 dl süße Sahne/Rahm

1 Den Kürbis würfeln. Die Knoblauchzehen fein hacken. Die Petersilie fein hacken, den Schnittlauch fein schneiden.

2 Die Kürbiswürfel im Mehl drehen, in eine gefettete Ofenform füllen. Den Knoblauch und die Kräuter darüberstreuen. Würzen. Mit der süßen Sahne angießen.

3 Das Gratin im vorgeheizten Backofen bei 200 Grad auf mittlerem Einschub rund 30 Minuten backen.

Pikanter Sommerkuchen

- 3 EL Weißwein
- 3 EL Olivenöl extra nativ
- 200 g mehliges Kürbispüree, Seite 31
- 4 Freilandeier
- 100 g geriebener Greyerzer Käse oder Parmesan
- 100 g Dinkelvollkorn- oder Ruchmehl
- 1 TL Meersalz
- ½ Brieflein phosphatfreies Backpulver
- 100 g gehackte schwarze Oliven

1 Weißwein, Olivenöl, Kürbispüree und Eier verrühren. Die restlichen Zutaten unterrühren.

2 Den Teig in eine gefettete und gemehlte Kuchenform von ca. 28 cm Durchmesser füllen. Im vorgeheizten Backofen bei 180 Grad auf mittlerem Einschub 40 bis 45 Minuten backen.

Tip

Als kleine Mahlzeit mit Salat oder auch als warme Vorspeise servieren.

Schnelles Kürbisgratin mit Gartenkräutern

Kürbisgratin Toscana

1 kg Kürbisfleisch
1 mittelgroße Zwiebel
4 Tomaten oder 1 kleine Dose Pelati
1 grüne Gemüsepaprika/Peperoni
Olivenöl extra nativ
frischer oder getrockneter Thymian
einige gehackte Rosmarinnadeln

Guß

2 Freilandeier
200 g/2 dl süße Sahne/ Rahm
150 g geriebener Parmesan
Kräutermeersalz
Pfeffer aus der Mühle

5 EL Vollkornbrotbrösel aus altbackenem Brot
100 g entsteinte schwarze Oliven

1 Den Kürbis klein würfeln. Die Zwiebel fein hacken. Die Tomaten an der Spitze übers Kreuz einschneiden. Die Früchte in einem Schaumlöffel in kochendes Wasser tauchen, bis sich die Haut zu lösen beginnt. Die Tomaten schälen, den Stielansatz entfernen, würfeln. Die Gemüsepaprika halbieren, den Stielsatz und die Kerne entfernen, klein würfeln.

2 Den Kürbis in wenig Olivenöl andünsten, herausnehmen und auf die Seite stellen. In der gleichen Pfanne in wenig Öl die Zwiebeln und die Gemüsepaprika andünsten. Die Tomaten dazugeben, mit Thmyian und Rosmarin abschmecken.

3 Den Kürbis in eine gefettete Gratinform verteilen, mit dem Tomaten-Paprika-Gemüse bedecken.

4 Für den Guß die Eier, die süße Sahne und die Hälfte des Parmesans verrühren, mit Salz und Pfeffer würzen. Über das Gemüse verteilen. Den restlichen Käse und die Brotbrösel mischen, zusammen mit den Oliven über das Gratin verteilen.

5 Das Gratin im vorgeheizten Backofen bei 200 Grad auf mittlerem Einschub rund 30 Minuten backen.

Kürbis-Käse-Toast

- 3 Freilandeier
- 40 ml/0,4 dl Milch
- 400 g Kürbisfleisch
- 250 g geriebener Käse
- 1 EL Senf
- Pfeffer aus der Mühle
- Cayennepfeffer nach Belieben
- 8-12 Scheiben Vollkorntoastbrot
- fein geschnittener Schnittlauch

1 Die Eier und die Milch verquirlen. Den Kürbis mit der Rohkostreibe dazuraspeln. Den Käse untermischen. Würzen.

2 Die Masse dick auf die Brotscheiben auftragen. Auf ein Backblech legen.

3 Die Kürbis-Käse-Toast im vorgeheizten Backofen bei 200 Grad 15 Minuten backen. Mit Schnittlauch bestreuen.

Gefüllte Butternuts

- 2 Butternuts
- Kräutermeersalz
- Pfeffer aus der Mühle
- geriebene Muskatnuß

Füllung

- Risotto mit Kürbis und Rucola, Rezept Seite 58

1 Die Butternuts längs halbieren, die Kerne entfernen und wenig aushöhlen. Die Kürbishälften im Salzwasser 2 bis 3 Minuten blanchieren. Gut abtropfen lassen.

2 Den Kürbis mit Salz, Pfeffer und Muskatnuß würzen. Das Kürbisrisotto satt einfüllen.

3 Die gefüllten Kürbisse im vorgeheizten Backofen bei 200 Grad 10 bis 15 Minuten überbacken.

Bild Seite 64

Gefüllte Auberginen

- 4 mittelgroße Auberginen
- ca. 800 g Kürbisfleisch
- 1 rote Gemüsepaprika/ Peperoni
- 1 mittelgroßer Lauch
- 2 EL Pinienkerne
- 2 Knoblauchzehen
- 4 EL Olivenöl extra nativ
- Kräutermeersalz
- Paprikapulver
- Currypulver
- Pfeffer aus der Mühle
- 1 TL getrockneter Thymian
- 200-300 ml/2-3 dl Gemüsebrühe
- 100 g geriebener Parmesan
- 1 unbehandelte Zitrone, abgeriebene Schale
- Gemüsebrühe für die Form

1 Die Auberginen im Salzwasser rund 10 Minuten kochen. Die Früchte etwas abkühlen lassen, dann längs halbieren und aushöhlen. Das Gemüsefleisch würfeln.

2 Den Kürbis würfeln. Die Gemüsepaprika halbieren, den Stielansatz und die Kerne entfernen, das Fruchtfleisch in Quadrate schneiden. Den Lauch putzen und in feine Scheiben schneiden. Die Pinienkerne trocken rösten.

3 Durchgepreßten Knoblauch, Gemüsepaprika, Lauch und Kürbis im Öl andünsten. Würzen. Mit der Gemüsebrühe angießen. Das Gemüse 5 bis 7 Minuten köcheln lassen. Das Auberginenfleisch und die Pinienkerne untermischen.

4 Die Gemüsemasse in die ausgehöhlten, leicht gesalzenen Auberginenhälften füllen. Mit der Mischung aus Parmesan, Zitronenschalen und Pfeffer bestreuen. Die Auberginenhälften in eine gefettete Ofenform setzen. Wenig Gemüsebrühe in die Form gießen.

5 Die gefüllten Auberginen im vorgeheizten Ofen bei 220 Grad auf mittlerem Einschub 15 bis 20 Minuten überbacken.

Variante

Die Füllung mit gehacktem Rindfleisch mischen. In diesem Fall brauchen Sie etwas weniger Kürbisfleisch. Statt mit Parmesan können Sie die Auberginen auch mit Mozzarella belegen und überbacken.

oben: gefüllte Butternuts, Rezept S. 63
unten: gefüllte Auberginen

Kürbis-Gemüse-Spießchen

- 300 g Kürbisfleisch
- 1 mittlerer Zucchino
- 2 erntefrische Maiskolben
- je 1 rote und gelbe Gemüsepaprika/Peperoni
- 200 g Champignons
- Kräutermeersalz
- Pfeffer aus der Mühle
- 2 TL Provencekräuter
- 4 EL Olivenöl extra nativ

Tip

Diese Spießchen sind bei Kindern sehr beliebt.

1 Den Kürbis in 3 cm große Würfel, den Zucchino und die Maiskolben in 2 cm dicke Scheiben schneiden. Die Gemüsepaprikas längs halbieren, den Stielansatz und die Kerne entfernen, in 3 cm breite Streifen schneiden. Die Champignons putzen.

2 Maiskolbenscheiben im Dampf rund 8 Minuten garen. Kürbiswürfel und Zucchinischeiben sowie Paprikastreifen 3 Minuten mitgaren. Das Gemüse soll noch Biß haben. Würzen.

3 Das Gemüse zusammen mit den rohen Champignons auf Spießchen reihen. Die Provencekräuter mit dem Olivenöl verrühren, die Spießchen damit einpinseln.

4 Die Gemüsespießchen im vorgeheizten Backofen bei 220 Grad oder auf dem Grill braten.

Serviervorschlag

Die Spießchen mit frischem Olivenöl beträufeln oder mit einer scharfen Tomatensauce und knusprigen Ofenkartoffeln servieren. Dazu paßt ein knackiger Blattsalat.

oben: Kürbis-Möhren-Salat mit Äpfeln, Rezept S. 45
Mitte: Kürbis-Gemüse-Spießchen
unten: Bandnudeln mit Kalbsragout, vgl. Rezept S. 56

Pikantes Kürbis-Aprikosen-Gemüse

- 350 g Kürbisfleisch
- 350 g Aprikosen
- 3 EL Zitronensaft
- 1 kleine Pfefferschote/Peperoncino
- 70 g getrocknete und in Öl eingelegte Tomaten
- 3 Frühlingszwiebeln
- 1 EL Butterschmalz/Bratbutter
- 1 TL mildes Currypulver
- 1 EL Senfkörner
- 150 ml/1,5 dl Gemüsebrühe
- Meersalz

Für 4 bis 6 Personen als Beilage

Tip

Paßt zu Fleischgerichten.

1 Den Kürbis zuerst in Scheiben, dann in Rauten schneiden. Die Aprikosen halbieren, entsteinen, den Stielansatz entfernen. Die Aprikosenhälften nochmals halbieren, mit 2 Eßlöffeln Zitronensaft beträufeln. Die Pfefferschote längs halbieren und entkernen, fein hacken. Die Tomaten in feine Streifen, die Frühlingszwiebeln in feine Scheiben schneiden.

2 Die Kürbisrauten im Butterschmalz andünsten. Currypulver, Senfkörner und Pfefferschoten beifügen. Mit 100 ml Gemüsebrühe angießen, rund 7 Minuten köcheln lassen. Aprikosen, Zwiebeln und Tomaten beifügen, weitere 7 Minuten köcheln lassen. Mit der restlichen Gemüsebrühe angießen. Eventuell mit Salz nachwürzen. Abschmecken mit dem restlichen Zitronensaft.

Kürbis-Frittata

1 Den Kürbis mit der Rohkostreibe raspeln. Die Zwiebel fein hacken.

2 Den Kürbis und die Zwiebeln in einer Bratpfanne im Öl zugedeckt weich dünsten.

3 Eier, süße Sahne, Parmesan und Petersilie verrühren, mit Kräutersalz und Pfeffer würzen. Den Eierguß über den Kürbis verteilen, stocken lassen.

- 500 g Kürbisfleisch
- 1 Zwiebel
- 2 EL Olivenöl extra nativ
- 4 Freilandeier
- 4 EL süße Sahne/Rahm
- 1-2 EL geriebener Parmesan
- 1 EL gehackte Petersilie
- Kräutersalz, Pfeffer

Für 4 Personen als Vorspeise oder 2 Personen als Hauptgericht

Provenzalischer Honigkürbis

1 Den Kürbis in feine Spalten schneiden, fächerartig in eine gefettete Gratinform legen. Mit gehackten Rosmarinnadeln, Pfeffer, Ingwerpulver und Salz würzen. Den Honig leicht erwärmen und über den Kürbis verteilen.

2 Den Honigkürbis im vorgeheizten Backofen bei 190 Grad rund 20 Minuten backen. Nadelprobe machen.

- 800 g Kürbisfleisch
- einige Rosmarinnadeln
- Pfeffer aus der Mühle
- 1 Prise Ingwerpulver
- Meersalz
- 2-3 EL Rosmarin- oder Akazienhonig
- Olivenöl für die Form

Tip

Mit frischem Ziegenkäse und frischem Brot, z.B. Kürbisbrot oder Baguette, servieren.

Kürbispizza

- 350 g Dinkel- oder Weizenruchmehl
- 1 TL Meersalz
- 1 Hefewürfel (42 g)
- 1 TL flüssiger Honig
- 350 g Kürbispüree, nicht abgetropft, Seite 31
- 1 EL Olivenöl extra nativ
- Mehl für die Arbeitsfläche

Belag

- 500 g Kürbisfleisch
- 1 Zwiebel
- 2-3 Knoblauchzehen
- 300 g Mozzarella
- Tomatenpüree
- schwarze Oliven
- junge Zucchini mit Blüten
- Kräutermeersalz
- Pfeffer aus der Mühle
- 2-3 EL Olivenöl extra nativ

Für 2 runde Pizzas oder ein rechteckiges Kuchenblech

Tip

Aus dem Teig können auch Brötchen gebacken werden. Sehr fein: gehackte Rosmarinnadeln oder fein geschnittenes Basilikum in den Teig kneten. Die Brötchen im vorgeheizten Backofen bei 220 Grad rund 20 Minuten backen.

1 Das Mehl und das Salz mischen, eine Vertiefung machen. Die mit dem Honig verrührte Hefe sowie das Kürbispüree und das Öl in die Vertiefung geben. Alles zusammenfügen und zu einem geschmeidigen Teig verarbeiten. Je nach Konsistenz des Kürbispürees braucht es noch etwas Mehl oder Flüssigkeit. Der Teig darf an den Händen nur leicht kleben. Den Teig auf der Arbeitsfläche von Hand 10 Minuten kneten, dann in eine Schüssel legen und mit einem feuchten Tuch bedecken, 30 Minuten gehen lassen. Nochmals leicht kneten.

2 Für den Pizzabelag das Kürbisfleisch mit dem Gemüsehobel raspeln. Die Zwiebel in feine Scheiben schneiden. Den Knoblauch fein hacken. Den Mozzarella grob hacken.

3 Den Teig auf Formgröße ausrollen, in die gefettete Form legen. Den Teigboden dünn mit Tomatenpüree einpinseln. Kürbisraspel, Zwiebeln, Knoblauch, Oliven, Zucchini und Mozzarella darauf verteilen. Die Pizza würzen.

4 Die Pizza im vorgeheizten Ofen bei 220 Grad rund 20 Minuten backen. Mit dem Olivenöl beträufeln.

Salbei-Risotto mit Kürbis und Pfifferlingen

- 1 mittelgroße Zwiebel
- 200 g Kürbisfleisch
- 150 g Pfifferlinge/Eierschwämme
- 50 g Pinienkerne
- 2 Salbeizweiglein
- 2 EL Olivenöl extra nativ
- 1 Knoblauchzehe
- 150 g Rundkorn-Naturreis
- 600 ml/6 dl Gemüsebrühe
- 50 g geriebener Parmesan
- 4 EL Milch
- Pfeffer aus der Mühle
- Kräutermeersalz

1 Die Zwiebel fein hacken. Den Kürbis würfeln. Die Pfifferlinge putzen. Die Pinienkerne grob hacken. Den Salbei in feine Streifen schneiden.

2 Die Zwiebeln im Öl andünsten, den Knoblauch dazupressen und mitdünsten. Den Reis und den Kürbis dazugeben und kurz mitdünsten. Mit 300 ml Gemüsebrühe angießen. Den Reis zugedeckt weich kochen, die Pfifferlinge die letzten 10 Minuten mitkochen. Immer wieder Gemüsebrühe nachgießen, damit der Reis knapp mit Flüssigkeit bedeckt ist.

3 Pinienkerne, Käse, Salbei und Milch unter das Risotto rühren. Mit Pfeffer und Salz abschmecken.

Kürbis-Kichererbsen-Curry mit Banane

- 150 g Kichererbsen
- 600 g Kürbisfleisch
- 2 EL Currypulver
- 1 kleine Zwiebel
- 2 Tomaten
- 1 rote Pfefferschote/ Peperoncino
- 3 EL Butterschmalz/ Bratbutter
- 2 Knoblauchzehen
- 2 TL fein gehackter frischer Ingwer
- 1 TL Koriander
- 1 TL Turmeric
- 1 Msp. Zimtpulver
- 300 ml/3 dl Gemüsebrühe
- 1 reife Banane
- 1 EL fein gehackte Petersilie

1 Die Kichererbsen über Nacht in kaltes Wasser einlegen. Das Einweichwasser weggießen. Die Erbsen mit frischem Wasser aufsetzen, auf kleinem Feuer 1 Stunde köcheln lassen, bis sie weich sind.

2 Den Kürbis würfeln, in einer Schüssel mit dem Currypulver gut mischen.

3 Die Zwiebeln fein hacken. Die Tomaten an der Spitze kreuzweise einschneiden, in einem Schaumlöffel in kochendes Wasser tauchen, bis sich die Haut zu lösen beginnt. Die Tomaten schälen, den Stielansatz entfernen, die Früchte würfeln. Die Pfefferschote längs halbieren, die Kerne entfernen, in Streifchen schneiden.

4 Die Zwiebeln in einem Eßlöffel Butterschmalz andünsten. Die Knoblauchzehen dazupressen. Den Ingwer und die restlichen Gewürze dazugeben, auf kleinem Feuer unter ständigem Rühren 5 Minuten dünsten. Nun die Tomaten und die Pfefferschoten beifügen und weitere 10 Minuten dünsten.

5 Den Kürbis im restlichen Butterschmalz auf kleinem Feuer braten.

6 Den Kürbis und die Kichererbsen zur Tomatensauce geben. Mit der Gemüsebrühe angießen. Das Ganze köcheln lassen, bis der Kürbis weich ist, rund 15 Minuten. Die in dicke Scheiben geschnittene Banane 2 Minuten mitköcheln. Mit der Petersilie garnieren.

Kürbis-Kartoffel-Gnocchi

150 g trockenes, mehliges Kürbispüree, Seite 31
800 g mehlige Kartoffeln
160 g Vollkornmehl
1 Eigelb
1 TL Meersalz
etwas Grau-/Ruchmehl zum Formen
1 Salbeisträußchen
Butter

1 Das Kürbispüree muß für die Gnocchi sehr trocken sein. Am besten drückt man das Püree in einem Küchentuch gut aus.

2 Die Kartoffeln schälen und würfeln. Im Dampf weich garen, dann durch ein Passetout/Passevite drehen. 500 g abmessen.

3 Sämtliche Zutaten vermengen, mit Salz würzen.

4 Aus der Kürbis-Kartoffel-Masse auf bemehlter Arbeitsfläche Rollen formen, mit dem Messer Gnocchi schneiden. Von Hand nachformen.

5 Den Salbei in feine Streifen schneiden, in der Butter andünsten.

6 Die Gnocchi in reichlich Salzwasser 2 bis 3 Minuten auf kleinem Feuer kochen. Mit einem Schaumlöffel herausnehmen und mit der Salbeibutter mischen. Warm stellen.

Variante

Mit einer Nuß-Tomaten-Sauce, Seite 78, servieren.

Kürbis-Hirse-Küchlein

1 kleine Zwiebel
1 kleine grüne Gemüsepaprika/Peperoni
1 EL Butterschmalz/Bratbutter
50 g Kokosraspel
100 g Goldhirse
2 EL Currypulver
400 ml/4 dl Gemüsebrühe
150 g Kürbispüree, Seite 31
1 Freilandei
Kräutermeersalz
2-3 EL Brotbrösel/Paniermehl
Butterschmalz/Bratbutter

Tip

Mit einer Sauce aus saurer Sahne und frischen Kräutern servieren oder als Beilage zu einer Gemüseplatte oder einem gemischten Salat reichen.

1 Die Zwiebel fein hacken. Die Gemüsepaprika halbieren, den Stielansatz und die Kerne entfernen, klein würfeln.

2 Die Zwiebeln und die Gemüsepaprika im Butterschmalz andünsten. Die Kokosraspel und die Goldhirse mitdünsten. Mit dem Currypulver bestäuben, kurz weiterrühren. Die Gemüsebrühe und das Kürbispüree unterrühren, auf kleinem Feuer zugedeckt 20 Minuten köcheln lassen. Die Hirsemasse ein wenig auskühlen lassen.

3 Das verquirlte Ei unter die Hirsemasse rühren. Mit Kräutersalz abschmecken. Soviel Brotbrösel unterrühren, bis sich die Masse gut formen läßt. Auf wenig Brotbröseln kleine Küchlein formen, im Butterschmalz beidseitig braten.

Kürbis-Kartoffel-Püree

500 g Kartoffeln
1 kleine Zwiebel
500 g Kürbisfleisch
2 EL Olivenöl extra nativ
1 Knoblauchzehe
200 g/2 dl süße Sahne/Rahm
2 EL fein gehackte Petersilie
1 EL fein geschnittener Schnittlauch
1 TL gehackter Salbei
1 TL gehackter Thymian
Kräutermeersalz
schwarzer Pfeffer aus der Mühle

1 Die Kartoffeln schälen und würfeln, im Dampf sehr weich kochen. Die Kartoffeln durch ein Passetout/Passevite drehen.

2 Die Zwiebeln fein hacken. Den Kürbis würfeln. Zwiebeln und Kürbis im Olivenöl andünsten, den Knoblauch dazupressen. Zugedeckt weich kochen, etwa 10 Minuten. Den Kürbis pürieren.

3 Kartoffel- und Kürbispüree zusammen mit der süßen Sahne unter Rühren aufkochen. Die Kräuter untermischen. Abschmecken mit Kräutersalz und schwarzem Pfeffer.

Variante

Die Masse kann auch für Pommes Duchesse verwendet werden. Dazu ein Blech leicht einfetten. Die Kartoffel-Kürbis-Masse portionsweise in einen Spritzbeutel mit breiter Sterntülle füllen und beliebige Formen auf das Blech spritzen. Mit Eigelb anstreichen. Die Pommes Duchesse im vorgeheizten Ofen bei 180 Grad 15 bis 20 Minuten backen.
Die ungebackenen Pommes Duchesse sind auch ideal für den Vorrat. Dazu die mit Eigelb eingepinselten Formen einzeln im Tiefkühler gefrieren lassen und nachher in Plastikdosen füllen. Gefroren in den vorgeheizten Ofen schieben.

Tip

Paßt zu gegrilltem Fleisch und zu Gemüse und eignet sich als Füllung von Rondini (Sommerkürbis) und Gemüsepaprika.

Spaghetti-Kürbis mit Nuß-Tomaten-Sauce

1 großer oder 2 kleine Spaghetti-Kürbisse
Meersalz

Tomatensauce

600 g Fleischtomaten
1 Zwiebel
2 Möhren/Karotten
100 ml/1 dl Olivenöl extra nativ
Meersalz
Pfeffer aus der Mühle

Nußsauce

30 g gehackte Wal-/Baumnüsse
2 EL Olivenöl extra nativ
1/2 l Tomatensauce (siehe oben)
80 g Butter
Meersalz
Pfeffer aus der Mühle

1 Den ganzen Kürbis in reichlich Salzwasser rund 30 Minuten auf kleinem Feuer kochen. Aus dem Wasser nehmen und 10 Minuten abkühlen lassen.

2 Für die Tomatensauce die Tomaten an der Spitze kreuzweise einschneiden, in einem Schaumlöffel in kochendes Wasser tauchen, bis sich die Haut zu lösen beginnt. Die Früchte schälen, vierteln und den Stielansatz entfernen. Die Zwiebel fein hacken. Die Möhren schälen und ebenfalls hacken. Zwiebeln, Möhren und Tomaten im Öl andünsten, köcheln lassen, bis das Gemüse gar ist. Die Sauce pürieren und würzen.

3 Die gehackten Nüsse im Öl andünsten. Die noch warme Tomatensauce und die Butter löffelweise beifügen. Es soll eine sämige Sauce entstehen. Würzen.

4 Den wenig ausgekühlten Kürbis quer halbieren. Das Kürbisfleisch mit einer Gabel herausdrehen. Die Kürbis-Spaghetti im Dampf nochmals kurz erhitzen. Mit Salz würzen.

5 Die Kürbis-Spaghetti auf vorgewärmten Tellern anrichten. Die Tomaten-Nuß-Sauce in die Mitte geben.

Tip

Zu den Kürbis-Spaghetti paßt auch jede andere Pasta-Sauce. Das Rezept für die Tomaten-Nuß-Sauce stammt aus dem Buch »Pasta-Saucen« von Yvonne Tempelmann.

Karins Kürbispuffer

450 g Kürbisfleisch
450 g mehlige Kartoffeln
1 großer Apfel
1 große Zwiebel, ca. 120 g
3 Freilandeier
30 g Dinkelmehl
3 EL geriebene Haselnüsse
$^1/_4$ TL geriebene Muskatnuß
1 TL frischer Thymian
1 TL Meersalz
Pfeffer aus der Mühle
1 Bund Schnittlauch
Olivenöl extra nativ

Sauce

1 Becher saure Sahne/ Sauerrahm
reichlich frische Kräuter
Kräutermeersalz
Pfeffer aus der Mühle

1 Den Kürbis mit der Rohkostreibe grob raspeln. Die Kartoffeln und den Apfel schälen, mit der Bircher-Rohkostreibe fein reiben. Die Zwiebel fein hacken. Alles mischen.

2 Die Eier verquirlen, mit dem Gemüse, dem Mehl und den Haselnüssen mischen. Würzen. Den fein geschnittenen Schnittlauch untermischen.

3 Für jeden Puffer einen gehäuften Eßlöffel Kürbismasse in das mäßig heiße Öl geben. Beidseitig braten.

4 Die saure Sahne und die gehackten Kräuter mischen. Abschmecken.

Variante

Anstelle der Kräutersauce frisch geriebenen Meerrettich mit geschlagener süßer Sahne mischen. Mit Salz und Pfeffer abschmecken.

Alpen-Gratin

1 kg Kürbisfleisch
1 mittlere Zwiebel
20 g Butterschmalz/ Bratbutter
1 Knoblauchzehe
100 ml/1 dl Weißwein
1 EL Essig

Sauce

20 g Butter
2 EL Ruchmehl
150 ml/1,5 dl Kürbisflüssigkeit
200 g saure Sahne/ Sauerrahm
1 kleiner Lauch
1 Bund Schnittlauch
geriebene Muskatnuß
Kräutermeersalz
4 EL geriebene Haselnüsse
50 g geriebener Bergkäse

1 Den Kürbis in 2 cm große Würfel schneiden. Die Zwiebel fein hacken. Den Lauch in feine Scheiben schneiden.

2 Die Zwiebeln im Butterschmalz andünsten. Den Knoblauch dazupressen, kurz mitdünsten. Die Kürbiswürfel ebenfalls 2 bis 3 Minuten mitdünsten. Mit dem Weißwein und dem Essig angießen, 5 bis 10 Minuten köcheln lassen. Die Flüssigkeit abgießen und auffangen. Die Kürbiswürfel in eine gefettete Gratinform verteilen.

3 Für die Sauce das Mehl in der Butter andünsten. Die Kürbisflüssigkeit unter Rühren mit dem Schneebesen dazugeben, wenig einköcheln lassen. Die Pfanne von der Wärmequelle nehmen, saure Sahne, Lauch und fein geschnittenen Schnittlauch dazugeben. Würzen.
2 Eßlöffel geriebene Haselnüsse und die Hälfte des geriebenen Käses unter die Sauce rühren.

4 Die Sauce über den Kürbis verteilen. Die restlichen Haselnüsse und den restlichen Käse darüberstreuen.

5 Das Gratin im vorgeheizten Backofen bei 220 Grad 20 Minuten überbacken.

Kürbis-Auberginen-Lasagne mit Hähnchenfleisch

1 kg Kürbisfleisch
Gemüsebrühepulver
Pfeffer aus der Mühle
Paprikapulver
1 EL Olivenöl extra nativ
400 g Hähnchen-/ Pouletfleisch, in Streifen
1 EL Olivenöl extra nativ
1 kleine Zwiebel
2 Knoblauchzehen
400 g Pelati aus der Dose
Kräutermeersalz
Pfeffer aus der Mühle
italienische Kräutermischung
1 große Aubergine, ca. 350 g
Meersalz

Béchamelsauce

1 EL Butter
$1\,^{1}/_{2}$ EL Mehl
200 ml/2 dl Gemüsebrühe
200 ml/2 dl Milch
Meersalz
Pfeffer aus der Mühle

150 g Vollkorn-Lasagneblätter
2-3 EL Parmesan oder anderer Reibkäse

Tip

Das Fleisch kann durch gehackten Tofu ersetzt werden.

1 Den Kürbis würfeln, im Dampf weich kochen. Das Kürbisfleisch mit einer Gabel grob zerdrücken. Würzen.

2 Das Hähnchenfleisch in wenig Olivenöl kräftig anbraten, dann grob hacken. Unter das Kürbispüree mischen.

3 Für die Tomatensauce die Zwiebel und die Knoblauchzehen fein hacken, im Olivenöl andünsten. Die grob gehackten Pelati beifügen, 2 bis 3 Minuten köcheln lassen. Würzen.

4 Die Aubergine beidseitig kappen, in 1 cm dicke Scheiben schneiden. In einer Gußeisen- oder Titanpfanne ohne Fett, nur mit Salz bestreut, beidseitig braten. Achtung: Eine Bratpfanne aus Chromstahl ist nicht geeignet, da das Salz Spuren hinterläßt.

5 Für die Béchamelsauce das Mehl in der Butter andünsten. Mit der Gemüsebrühe und der Milch glattrühren, köcheln, bis die Sauce bindet. Würzen.

6 Eine Gratinform gut einfetten. Den Boden mit dem Kürbispüree bedecken. Fortfahren mit einer Lage Auberginen, den rohen Lasagneblättern und einer Schicht Tomatensauce. Es folgen eine Lage Auberginen, dann Lasagneblätter und das Kürbispüree. Abschließen mit der Béchamelsauce. Etwas Käse darüberstreuen. Die Form mit Alufolie abdecken.

7 Die Lasagne im vorgeheizten Backofen bei 220 Grad auf mittlerem Einschub 45 bis 50 Minuten backen. Die Alufolie entfernen, nochmals 10 Minuten backen, bis die Lasagne eine schöne braune Kruste hat.

Kürbisburger mit Räucherlachs

- 200 g Kartoffeln
- 300 g Kürbisfleisch
- 2 Freilandeier
- 80 g Vollkornmehl
- Meersalz
- Pfeffer aus der Mühle
- geriebene Muskatnuß
- Olivenöl extra nativ
- 150 g Räucherlachswürfelchen
- 80 g saure Sahne/Sauerrahm oder Crème fraîche
- 2 EL fein geschnittener Schnittlauch
- feine Zwiebelscheiben

1 Die Kartoffeln schälen. Die Kartoffeln und den Kürbis mit der Rohkostreibe raspeln.

2 Die Eier mit dem Mehl glattrühren. Die Kürbis- und Kartoffelraspel mit der Eimasse vermengen. Mit Salz, Pfeffer und Muskatnuß würzen.

3 Aus der Kürbismasse im mäßig heißen Öl langsam etwa 1 cm dicke Burger braten.

4 Die Burger auf Tellern anrichten. Die Räucherlachswürfelchen in die Mitte geben. Mit der sauren Sahne, dem Schnittlauch und den Zwiebelscheiben garnieren.

Teigtaschen mit Kürbis-Fleisch-Füllung

500 g Vollkornblätterteig

Füllung

- 2 kleine Zwiebeln
- 1 mittelgroße Kartoffel
- 1 grüne Gemüsepaprika/Peperoni
- 200 g Kürbisfleisch
- 200 g gehacktes Lammfleisch
- 2 EL Olivenöl extra nativ
- 2 Knoblauchzehen
- 2 EL Sultaninen
- 1 EL gehackter Rosmarin
- 1/2 TL Cayennepfeffer
- 2 EL Zitronensaft
- Pfeffer aus der Mühle
- Kräutermeersalz

1 Eigelb zum Bestreichen

1 Die Zwiebeln fein hacken. Die Kartoffel schälen. Die Gemüsepaprika mit dem Sparschäler schälen, halbieren, den Stielansatz und die Kerne entfernen, klein würfeln. Den Kürbis klein würfeln.

2 Zwiebeln, Gemüsepaprika und Fleisch im Öl anbraten. Die Kartoffel dazureiben und den Knoblauch dazupressen. Das Kürbisfleisch dazugeben und rund 5 Minuten mitdünsten. Die Sultaninen und den Rosmarin untermischen. Gut würzen. Die Füllung auskühlen lassen.

3 Den Teig 2 mm dick ausrollen und Quadrate von 12 cm Länge schneiden. Die Füllung in die Mitte der Teigstücke geben. Diagonal zusammenklappen. Die Ränder mit einer Gabel gut andrücken und die Oberfläche mehrmals einstechen. Mit Eigelb bestreichen.

4 Die Teigtaschen im vorgeheizten Backofen bei 200 Grad auf mittlerem Einschub 25 bis 30 Minuten backen.

Vollkornpastetchen mit Kürbis-Hähnchen-Füllung

- 500 g Kürbisfleisch
- 1 rote Pfefferschote/ Peperoncino
- 2 EL Olivenöl extra nativ
- ca. 300 ml/3 dl Gemüsebrühe
- 100 g frische oder tiefgekühlte grüne Erbsen
- 100 g Maiskörner, aus dem Glas oder tiefgekühlt
- 200 g Hähnchenbrust
- 1 EL Olivenöl extra nativ
- Meersalz
- Pfeffer aus der Mühle
- 1/2 TL getrockneter oder frischer Thymian
- 200 g Crème fraîche
- Thymian für die Garnitur

- 8 Vollkornpastetchen

1 Den Kürbis klein würfeln. Die Pfefferschote längs halbieren, entkernen und in Streifchen schneiden. Kürbis und Pfefferschoten im Öl andünsten, mit der Gemüsebrühe angießen. Köcheln lassen, bis der Kürbis gar ist. Die Erbsen und die Maiskörner dazugeben, weitere 5 Minuten köcheln lassen.

2 Die Pastetchen im Ofen erwärmen.

3 Die Hähnchenbrust in Streifen schneiden, im Öl braten. Mit Salz und Pfeffer würzen.

4 Thymian, Crème fraîche und Hähnchenfleisch unter das Kürbisragout mischen. Abschmecken. In die Pastetchen füllen. Mit Thymian garnieren.

Variante

Das Hähnchenfleisch kann durch Tofu ersetzt werden. Die Tofustreifen müssen mit Thymian, Pfeffer, Salz und Sojasauce gut gewürzt werden. Am besten über Nacht marinieren. Man kann auch gewürzten Tofu kaufen.

Kürbis-Fisch-Suppe provençale

- 1 Zwiebel
- 2 Tomaten
- je 1 gelbe und rote Gemüsepaprika/Peperoni
- 250 g Kartoffeln
- 400 g Kürbisfleisch
- 500 g Fischfilets, z.B. Heilbutt, Seeteufel, Rotbarsch, Seelachs
- 2 EL Olivenöl extra nativ
- 2 Knoblauchzehen
- 200 ml/2 dl Weißwein
- 1 l Gemüsebrühe
- ½ TL Provencekräuter
- 1-2 EL Olivenöl extra nativ
- Meersalz
- Pfeffer aus der Mühle
- Worcestershiresauce
- 1 Zitrone, Saft
- 1 TL gehackte glattblättrige Petersilie

1 Die Zwiebel fein hacken. Die Tomaten an der Spitze kreuzweise einschneiden, in einem Schaumlöffel in kochendes Wasser tauchen, bis sich die Haut zu lösen beginnt. Die Früchte schälen und den Stielansatz entfernen, würfeln. Die Gemüsepaprikas halbieren, den Stielansatz und die Kerne entfernen, würfeln. Die Kartoffeln schälen und ebenfalls würfeln. Den Kürbis würfeln. Die Fischfilets unter fließendem kaltem Wasser waschen, trocknen.

2 Die Zwiebeln zusammen mit den Gemüsepaprikas und dem Kürbis im Olivenöl andünsten. Die Tomaten und die Kartoffeln dazugeben und mitdünsten. Den Knoblauch dazupressen. Mit dem Weißwein und der Gemüsebrühe aufgießen. Die Provencekräuter dazugeben. Die Suppe köcheln lassen, bis das Gemüse weich ist, etwa 12 Minuten.

3 Die Fischfilets in Streifen schneiden. Im Öl kurz braten. Mit Salz und Pfeffer würzen.

4 Die Fischwürfel in die Suppe geben, zugedeckt 5 Minuten ziehen lassen.

5 Die Fischsuppe mit Worcestershiresauce und Zitronensaft abschmecken. Die Petersilie unterrühren.

Variante

Eine Kochbanane mit dem Gemüse mitkochen.

oben: gebratene Meeresfrüchte mit Kürbissauce, Rezept S. 112
unten: Kürbis-Fisch-Suppe provençale

Kürbis-Lamm-Curry mit Rosinen und Pinienkernen

2 EL Olivenöl extra nativ
500 g Lammfilet
Pfeffer aus der Mühle
Meersalz
1 Msp. mittelscharfes Currypulver

Kürbisragout
2 mittelgroße Zwiebeln
1 grüne Gemüse-paprika/Peperoni
700 g Kürbisfleisch
1 Knoblauchzehe
2 EL Olivenöl extra nativ
1 Prise Zimtpulver
1 Prise Chilipulver
2-3 TL mittelscharfes Currypulver
1 Prise edelsüßes Paprikapulver
400 ml/4 dl Gemüsebrühe

1 EL geröstete Pinienkerne
1-2 EL Rosinen

1 Die Zwiebeln würfeln. Die Gemüsepaprika längs halbieren, den Stielansatz und die Kerne entfernen, in Quadrate schneiden. Den Kürbis würfeln. Zwiebeln, durchgepreßten Knoblauch, Gemüsepaprika und Kürbis im Olivenöl andünsten. Würzen. Mit der Gemüsebrühe angießen, 15 Minuten köcheln lassen, bis der Kürbis gar ist.

2 Das Lammfilet in Würfel oder Scheiben schneiden. Im Olivenöl kurz braten. Würzen.

3 Lammfleisch, Gemüseragout, Pinienkerne und Rosinen mischen. Anrichten. Nach Belieben mit wenig Olivenöl abschmecken. Anrichten.

Zum Rezept

Junge Kürbisse können gut mit der Schale gekocht werden (siehe Bild). Kürbismenge auf 1 kg erhöhen, wenn die Frucht geschält wird. Wenn der Kürbis mit der Schale gekocht wird, zerfällt das Fruchtfleisch kaum. Ältere Kürbisse müssen immer geschält werden.

Süßes Kürbissoufflé

- 500 g mehliges Kürbisfleisch
- 175 ml/1,75 dl Apfelsaft
- 80 g Vollrohrzucker
- 1/4 TL Gewürzmischung, z. B. Ingwer, geriebene Muskatnuß, Zimtpulver usw.
- 3 Freilandeier
- 1 EL weiche Butter
- 2 EL Marantamehl
- 2 EL teilraffinierter Vollrohrzucker (Syramena)
- 2 EL Mandelstäbchen

1 Den Kürbis würfeln. Kürbis, Apfelsaft, Zucker und Gewürze auf kleinem Feuer kochen lassen, bis der Kürbis weich ist. Das Ganze pürieren und auskühlen lassen.

2 Die Eier trennen. Weiche Butter, Marantamehl und Eigelb unter das Kürbispüree rühren.

3 Den Backofen auf 200 Grad vorheizen.

4 Das Eiweiß zu Schnee schlagen, den teilraffinierten Vollrohrzucker untermischen und weiterschlagen, bis die Masse glänzt. Unter das Kürbispüree ziehen.

5 Die Kürbismasse in gefettete Portionenförmchen oder in eine große Form füllen. Mit den Mandelstäbchen bestreuen.

6 Das Soufflé im vorgeheizten Backofen bei 200 Grad auf mittlerem Einschub backen. Die kleinen Förmchen haben eine Backzeit von 25 bis 30 Minuten, die große Form braucht 40 bis 45 Minuten.

Sahniges Kürbis-Apfel-Püree

- 500 g Kürbisfleisch
- 400 g Äpfel
- 75 g Vollrohrzucker
- wenig Wasser
- ½ TL Zimtpulver
- 1 Msp. geriebene Muskatnuß
- 1 TL fein gehackter Ingwer
- 1 Becher süße Sahne/Rahm

1 Den Kürbis in kleine Stücke schneiden. Die Äpfel nicht schälen, nur entkernen und in Spalten schneiden.

2 Kürbis, Äpfel und Zucker mit wenig Wasser aufkochen, 15 bis 20 Minuten köcheln lassen, bis das Ganze weich ist. Pürieren.

3 Das Püree mit Zimt, Muskatnuß und Ingwer würzen. Die süße Sahne steif schlagen und unterziehen.

Süße Kürbismousse

- 400 g sehr mehliges Kürbispüree, Seite 31
- 1-2 EL Amaretto
- 1 unbehandelte Orange, abgeriebene Schale und Saft
- Syramena (teilraffinierter Vollrohrzucker)
- 1 Prise Zimtpulver
- 1 Prise Ingwerpulver
- geschlagene süße Sahne/Rahm oder Crème fraîche
- Orangenfilets für die Garnitur
- geröstete Mandelblättchen, nach Belieben

1 Das Kürbispüree mit Amaretto, Orangenschalen, wenig Orangensaft, Zucker, Zimt und Ingwerpulver »würzen«.

2 Vom Mousse mit einem Eßlöffel Klöße abstechen, anrichten. Nach Belieben mit geschlagener süßer Sahne und Orangenfilets garnieren.

Bild Seite 103

Kürbisflan

1 Die Hälfte Zucker und die Eigelbe zu einer luftigen Masse aufschlagen.

2 Den restlichen Zucker, die süße Sahne und die Crème double vor den Kochpunkt bringen. Die Sahneflüssigkeit unter Rühren mit dem Schneebesen zur Eigelbmasse geben.

3 Das Sahne-Eier-Gemisch und das Kürbispüree mischen und würzen. Die Kürbiscreme in gebutterte Portionenförmchen füllen. Die Förmchen in eine ofenfeste Form stellen. Bis auf 2/3 Förmchenhöhe mit Wasser füllen. Die Förmchen mit Alufolie decken. Das Flan im vorgeheizten Backofen bei 200 Grad auf mittlerem Einschub 20 bis 30 Minuten pochieren. Nadelprobe machen. Die Köpfchen bei Zimmertemperatur auskühlen lassen, dann am besten über Nacht in den Kühlschrank stellen.

4 Von den Kürbisscheiben Herzchen ausstechen, diese kurz im Dampf garen.

5 Die Kürbisköpfchen auf Teller stürzen. Mit dem Ahornsirup umgießen und den Kürbisherzchen garnieren.

oben: Kürbiskuchen mit Haselnüssen, Rezept S. 100
unten: Kürbisflan

100 g Vollrohrzucker
5 Eigelb von Freilandeiern
500 g/5 dl süße Sahne/Rahm
100 g Crème double/ Doppelrahm
150 g Kürbispüree, Seite 31
1/2 TL Zimtpulver
1 TL Ingwerpulver
1 Msp. Nelkenpulver
1 Msp. geriebene Muskatnuß
1 EL Rum
1 TL Vanillezucker
Butter für die Form
dünne Kürbisscheiben, für die Garnitur
Ahornsirup

Kürbis-Preiselbeer-Kompott

- 300 g Kürbisfleisch (Moschus-Sorte)
- 100 ml/1 dl Apfelsaft
- 1 Zimtstange
- 350 g Preiselbeeren
- Ahornsirup zum Süßen

Tip

Paßt zu Grießschnitten, süßen Aufläufen, Vanilleeis usw.

1 Das Kürbisfleisch würfeln, zusammen mit dem Apfelsaft und der Zimtstange aufkochen. Die Preiselbeeren beifügen. Das Kompott auf kleinem Feuer etwa 8 Minuten köcheln lassen, bis der Kürbis weich ist und die Beeren zu platzen beginnen.

2 Das Kompott mit Ahornsirup abschmecken.

Variante

Statt Preiselbeeren können auch Heidelbeeren verwendet werden.

Bild Seite 111

Annegrets Preiselbeer-Kürbis-Auflauf

- 300 g Kürbisfleisch
- 300 g Preiselbeeren
- 100 g Haferflocken
- 100 g Vollkornzwieback, fein zerbröckelt
- 1 Prise Nelkenpulver
- 150 g Mascarpone
- 3 EL fein gehackte Walnüsse/Baumnüsse
- 2 EL Akazienhonig
- 200 g/2 dl süße Sahne/Rahm
- $^1/_2$ TL Zimtpulver
- 1 Prise Meersalz

1 Das Kürbisfleisch würfeln. Mit den übrigen Zutaten mischen, in eine gefettete Gratinform füllen.

2 Den Auflauf im vorgeheizten Backofen bei 180 Grad rund 40 Minuten backen.

Lydias Kürbis-Gewürz-Brot

500 g Dinkel- oder Weizen-vollkornmehl
2 TL Meersalz
1 Hefewürfel (42 g)
50 ml/0,5 dl lauwarmes Wasser
1 EL Akazienhonig
300 g Kürbispüree, Seite 31
1 Prise geriebene Muskatnuß
1 Prise Nelkenpulver
1 TL Zimtpulver
1 TL Ingwerpulver
2 EL gehackte Kürbiskerne

1 Das Mehl und das Salz in einer Schüssel mischen und eine Vertiefung machen. Die Hefe in wenig lauwarmem Wasser zusammen mit dem Honig auflösen, in die Vertiefung gießen. 1 bis 2 Eßlöffel Mehl darunterrühren. Den Vorteig an einem warmen Ort zugedeckt 15 Minuten gehen lassen.

2 Das Kürbispüree und die Gewürze zum Vorteig geben, alles zu einem Teig zusammenfügen. Den Teig auf der Arbeitsfläche 15 Minuten von Hand kneten oder 5 bis 8 Minuten in der Teigknetmaschine. Den Teig in eine Schüssel legen und mit einem feuchten Tuch bedecken. An einem warmen Ort auf das doppelte Volumen aufgehen lassen.

3 Den Backofen auf 180 Grad vorheizen.

4 Den Teig nochmals leicht kneten, die Kürbiskerne einkneten. Den Teig in eine gefettete und gemehlte Kastenform füllen, nochmals 10 bis 15 Minuten gehen lassen.

5 Das Kürbisbrot im vorgeheizten Ofen bei 180 Grad 40 bis 45 Minuten backen.

Bild Seite 35

Feiner Kürbis-Quark-Kuchen

Geriebener Teig

- 125 kalte Butter
- 250 g Weizen- oder Dinkelvollkornmehl, sehr fein gemahlen
- 1 Msp. Meersalz
- 50 g Akazienhonig
- 1-3 EL Wasser
- 1 Freilandei

Füllung

- 75 g Schokoladenwürfelchen
- 100 g Vollrohrzucker
- 3 Freilandeier
- 375 g Vollmilchquark
- 3 EL Dinkelmehl
- 350 g mehliges Kürbispüree, Seite 31
- 2-3 EL abgeriebene Orangenschalen

Garnitur

- 1 Becher saure Sahne/Sauerrahm
- 2 EL Vollrohrzucker

Für eine Springform von 26 cm Durchmesser

1 Die Butter in Stücke schneiden, mit dem Mehl krümelig reiben. Die Mehl-Butter-Mischung auf die Arbeitsfläche häufen und eine Vertiefung machen. Salz, Honig, Wasser und Ei in die Vertiefung geben, zu einem Teig zusammenfügen. Nicht kneten. Den Teig zwischen zwei Klarsichtfolien auf Formgröße ausrollen. In die gefettete Form legen. 30 Minuten kühl stellen.

2 Die Schokoladenwürfelchen auf den Teigboden verteilen.

3 Den Backofen auf 190 Grad vorheizen.

4 Zucker und Eier verquirlen. Quark, Mehl, Kürbispüree und Orangenschalen unterrühren. Auf den Teigboden verteilen.

5 Den Kürbis-Quark-Kuchen im vorgeheizten Ofen bei 190 Grad auf mittlerem Einschub rund 45 Minuten backen.

6 Die saure Sahne und den Zucker verrühren. Auf dem Kuchen ausstreichen. Nochmals 5 Minuten backen. Den Kuchen im ausgeschalteten Backofen erkalten lassen. In der Form mindestens 12 Stunden in den Kühlschrank stellen, erst nachher aus der Form nehmen. Nach Belieben dekorieren.

oben: Kürbis-Beeren-Bowle, Rezept S. 121
unten: feiner Kürbis-Quark-Kuchen

Kürbiskuchen mit Haselnüssen

- 150 g Haselnüsse
- 300 g Kürbisfleisch
- 250 g weiche Butter
- 160 g Vollrohrzucker
- 1 Prise Meersalz
- 2 TL Zimtpulver
- 4 Freilandeier
- 300 g Dinkel- oder Weizenruchmehl
- 1 TL Weinsteinbackpulver

Für eine mittlere Kasten-/ Cakeform

1 Die ganzen Haselnüsse trocken rösten. Das Kürbisfleisch klein würfeln.

2 Die Butter und den Zucker zu einer luftigen Masse aufschlagen. Salz, Zimt und Eier unterrühren. Die Haselnüsse und die Kürbiswürfelchen beifügen. Das Mehl und das Backpulver mischen, unter die Masse rühren.

3 Den Teig in eine gefettete Kastenform füllen. Im vorgeheizten Backofen bei 180 Grad auf mittlerem Einschub 50 bis 60 Minuten backen.

Bild Seite 94

Verkehrter Kürbiskuchen

- 80 g Vollrohrzucker
- 100 ml/1 dl Wasser
- Kürbissicheln, ca. 5 mm dick
- 100 g weiche Butter
- 100 g Vollrohrzucker
- 2 Freilandeier
- ½ Zitrone, abgeriebene Schale
- 2 EL Kardamom
- 100 g Dinkelweißmehl
- ½ TL Weinsteinbackpulver
- geschlagene süße Sahne/ Rahm, nach Belieben

1 Den Zucker karamelisieren. Mit dem Wasser ablöschen, köcheln lassen, bis sich der Karamel aufgelöst hat. In eine gebutterte Pie-Form gießen.

2 Die Kürbissicheln rosettenförmig in den Karamelsirup legen.

3 Die Butter mit dem Zucker luftig aufschlagen. Die Eier dazugeben und einige Minuten weiterrühren. Die Gewürze beifügen. Das Dinkelmehl und das Backpulver unterrühren, auf die Kürbissicheln verteilen.

4 Den Kürbiskuchen im vorgeheizten Backofen bei 180 Grad auf mittlerem Einschub rund 30 Minuten backen. Den Kuchen 15 Minuten stehen lassen, erst dann den Rand lösen und das Gebäck stürzen.

Kürbis-Scones

100 g Butter	
$1/2$ TL abgeriebene Orangenschale	
100 g Vollrohrzucker	
2 Freilandeier	
5 Tropfen Bittermandelöl	
200 g Kürbispüree von mehliger Sorte, Seite 31	
100 g geriebene Mandeln	
200 g Dinkelweißmehl	
$1/2$ TL Weinsteinbackpulver	
1 Prise Meersalz	

Für 45 Scones

1 Butter, Orangenschalen und Zucker zu einer luftigen Masse aufschlagen. Die Eier dazugeben und 5 bis 10 Minuten weiterrühren. Das Bittermandelöl und das Kürbispüree unterrühren.

2 Mandeln, Dinkelmehl, Backpulver und Salz mischen, unter die Kürbismasse rühren. Den Teig leicht kneten und 2 Rollen von 4 cm Durchmesser formen. Mindestens 1 Stunde kühl stellen.

3 Die Teigrollen in etwa 7 mm dicke Scheiben schneiden. In ein eingefettetes Blech legen, mit Milch einpinseln.

4 Die Scones im vorgeheizten Ofen bei 190 Grad auf mittlerem Einschub 15 Minuten backen.

Bild Seite 103

Tip

Ein ideales Teegebäck. Kann auch mit Butter und Konfitüre serviert werden.

Kürbis-Muffins

150 g weiche Butter
150 g Vollrohrzucker
2 Freilandeier
½ TL Meersalz
1 TL Vanillepulver
1 TL Zimtpulver
½ TL geriebene Muskatnuß
je ¼ Nelken- und Ingwerpulver
300 g Kürbispüree, Seite 31
300 g Dinkelmehl
2 TL Weinsteinbackpulver
100 g Sultaninen
36-42 Papierförmchen

Für 12-14 Muffins

1 Butter, Zucker und Eier luftig aufschlagen. Salz, Gewürze und Kürbispüree unterrühren.

2 Das mit dem Backpulver vermischte Mehl sowie die Sultaninen unter die Buttermasse ziehen.

3 Für schön geformte Muffins am besten 3 Papierförmchen ineinanderlegen. Die Förmchen füllen und in ein Backblech stellen.

4 Die Muffins im vorgeheizten Ofen bei 190 Grad auf mittlerem Einschub 20 bis 25 Minuten backen.

oben: Kürbis-Scones, Rezept S. 101, und Kürbis-Muffins
unten: süße Kürbismousse, Rezept S. 93

Kürbisbrot Cortaccio

300 g Kürbisfleisch
600 g Dinkelvollkornmehl oder 500 g Dinkelvollkornmehl und 100 g Dinkelruchmehl
100 g Dinkelruchmehl
1 1/2 TL Meersalz
1 Hefewürfel (42 g)
200 ml/2 dl lauwarmes Wasser
1 EL Olivenöl extra nativ
fein gehackte Kräuter, z. B. Rosmarinnadeln
fein gehackte schwarze Oliven

Tip

Ein ideales Brot zum Tiefkühlen. In diesem Fall die Mengen verdoppeln oder verdreifachen. Das Brot vor dem Tiefkühlen vollständig auskühlen lassen.

1 Den Kürbis mit der Rohkostreibe fein reiben.

2 Mehle, Salz und geriebenen Kürbis in einer Schüssel mischen. Die Hefe im Wasser auflösen und zusammen mit dem Öl zum Mehlgemisch geben. Alles zusammenfügen und den Teig auf der Arbeitsfläche 10 bis 15 Minuten von Hand kneten oder 5 bis 8 Minuten in der Teigknetmaschine. Je nach Beschaffenheit des Kürbis braucht es noch etwas Wasser oder Mehl. Der Teig soll geschmeidig sein und an den Fingern nicht kleben. Den Teig in eine Schüssel legen, mit einem feuchten Tuch bedecken und an einem warmen Ort auf das doppelte Volumen aufgehen lassen.

3 Den Backofen auf 220 Grad vorheizen.

4 Den Teig nochmals leicht kneten. Nun auch die Kräuter und die Oliven und nach Belieben Nüsse einkneten. Aus dem Teig einen Brotlaib formen oder diesen in eine gefettete Kastenform geben. Nochmals 10 bis 15 Minuten gehen lassen.

5 Das Kürbisbrot im vorgeheizten Ofen bei 220 Grad auf mittlerem Einschub 40 bis 45 Minuten backen.

Zum Rezept

Das Brot ist angenehm feucht und schmeckt auch nach einigen Tagen noch sehr gut.

Kürbis-Pie mit Ananas und Pistazien

1 Die Butter in Stücke schneiden, mit dem Mehl krümelig reiben. Die Mehl-Butter-Mischung auf die Arbeitsfläche häufen, eine Vertiefung machen. Salz, Honig, Wasser und Ei in die Vertiefung geben. Rasch zu einem Teig zusammenfügen. Nicht kneten. Den Teig zwischen zwei Klarsichtfolien auf Formgröße ausrollen, in die gefettete Form legen. Kühl stellen.

2 Die Pistazien grob hacken. Die Ananasscheiben abtropfen lassen und in kleine Stücke schneiden. Pistazien, Ananas, Butter und Zucker vermengen, auf den Teigboden verteilen.

3 Den Backofen auf 190 Grad vorheizen.

4 Die Eier verquirlen. Süße Sahne, Kürbispüree und Ahornsirup unter die Eimasse rühren. Mit Salz, Zimtpulver und Ingwer würzen. In die Form gießen.

5 Die Kürbispie im vorgeheizten Backofen bei 190 Grad auf mittlerem Einschub 40 bis 45 Minuten backen.

Geriebener Teig

125 g kalte Butter
250 g Weizen- oder Dinkelvollkornmehl
1 Msp. Meersalz
50 g Akazienhonig oder Ahornsirup
1-3 EL Wasser
1 Freilandei

Füllung

75 g Pistazien
140 g Ananas (1 kleine Dose)
30 g weiche Butter
2 EL Vollrohrzucker
2 Freilandeier
180 g/1,8 dl süße Sahne/Rahm
300 g Kürbispüree, Seite 31
3 EL Ahornsirup
1 Prise Meersalz
1 TL Zimtpulver
1/2 TL geriebener Ingwer

Tip

Mit geschlagener süßer Sahne servieren.

Beeren-Pie

1 Den Blätterteig ausrollen und eine runde Kuchenform damit auslegen. Den Teig mit einer Gabel einige Male einstechen. Den Teigboden mit Folie belegen und mit Erbsen oder Linsen füllen. Im vorgeheizten Ofen bei 190 Grad 8 bis 10 Minuten blindbacken.

2 Die Beeren nach Möglichkeit nicht waschen. Mit der Maisstärke und dem Zucker mischen.

3 Kürbispüree, Crème fraîche, Eier und Gewürze glattrühren. Auf den Teigboden verteilen. Die Beeren darüberstreuen.

4 Die Beeren-Pie auf mittlerem Einschub 45 Minuten bei 190 Grad backen.

oben: Beeren-Pie
unten: Kürbis-Melonen-Drink, Rezept S. 121

400 g Vollkornblätterteig oder geriebener Teig, Seite 105

Füllung

400 g Beeren, z. B. Himbeeren, Johannisbeeren, Brombeeren

1 EL Maisstärke

100 g Vollrohrzucker

300 g Kürbispüree, gut abgetropft, Seite 31

200 g Crème fraîche

2 Freilandeier

etwas abgeriebene Orangenschale

1/2 TL Ingwerpulver

Tip

Nach Belieben mit geschlagener süßer Sahne servieren.

Kürbisbrötchen

40 g Hefe
1 EL Vollrohrzucker
100 ml/1 dl Wasser
300 g Weizenvollkornmehl
200 g Dinkelmehl
3 TL Meersalz
150 g Kürbispüree, Seite 31
100 ml/1 dl Milch
80 g weiche Butter
75 g grob gehackte Walnüsse/Baumnüsse
20 g flüssige Butter
Sesam- und Mohnsamen

1 Die Hefe mit dem Zucker und dem Wasser anrühren.

2 Die beiden Mehle in einer Schüssel mischen und eine Vertiefung machen. Die Hefeflüssigkeit in die Vertiefung gießen. Mit einem Eßlöffel etwas Mehl unter die Flüssigkeit rühren. Die Schüssel mit einem feuchten Tuch bedecken und den Vorteig an einem warmen Ort 30 Minuten gehen lassen.

3 Das Salz unter den Vorteig rühren. Kürbispüree, Milch und Butter dazugeben. Alles zusammenfügen und den Teig auf der Arbeitsfläche 10 Minuten von Hand kneten oder 4 bis 5 Minuten mit der Teigknetmaschine. Die Nüsse einketen. Den Teig in eine Schüssel legen und mit einem feuchten Tuch bedecken. An einem warmen Ort auf das doppelte Volumen aufgehen lassen.

4 Den Teig nochmals leicht kneten. Eine Rolle von ca. 15 cm Länge und 2 cm Dicke formen, einen Knoten schlingen. Oder kleine Brötchchen formen. Den Knoten in ein gefettetes Backblech legen, nochmals 10 Minuten gehen lassen.

5 Den Backofen auf 190 Grad vorheizen.

6 Den Knoten oder die Brötchen mit flüssiger Butter einpinseln. Mit den Sesam- oder Mohnsamen bestreuen. Im vorgeheizten Backofen auf mittlerem Einschub 20 bis 25 Minuten bei 190 Grad backen.

Süßes Gewürzbrot mit Aprikosen und Datteln

1 Die Aprikosen 5 Minuten in heißem Wasser einweichen. Abgießen und die Früchte würfeln. Die Datteln in Streifchen schneiden.

2 Honig, Milch und Butter in einem Topf verflüssigen. Abkühlen lassen.

3 Den Backofen auf 180 Grad vorheizen.

4 Sämtliche Zutaten miteinander vermengen. Den Teig in eine gefettete, leicht gemehlte Kastenform füllen.

5 Das Gewürzbrot im vorgeheizten Ofen bei 180 Grad rund 75 Minuten auf mittlerem Einschub backen. Vor dem Anschneiden 1 bis 2 Tage ruhen lassen.

125 g getrocknete Aprikosen
250 g Honig
250 ml/2,5 dl Milch
60 g Butter
250 g trockenes Kürbispüree, Seite 31
2 Eigelb von Freilandeiern
1 Brieflein phosphatfreies Backpulver
750 g Vollkornmehl
1 TL Zimtpulver
je 1 Prise Nelkenpulver, Muskatnuß und Ingwer
200 g Datteln
Butter und wenig Mehl für die Form

Für eine große Kasten-/ Cakeform

Halloween-Kekse

- 125 g weiche Butter
- 125 g Vollrohrzucker
- 2 Freilandeier
- 1 Prise Meersalz
- 1 unbehandelte Orange, abgeriebene Schale
- 150 g Kürbispüree, Seite 31
- 75 g geriebene Pinienkerne
- 130 g feines Dinkel- oder Weizenvollkornmehl
- 130 g Dinkel- oder Weizenruchmehl
- 1 Msp. Weinsteinbackpulver
- 1 Eigelb
- 1 Beutel Schokoladen-Kuchenglasur

1 Butter, Zucker und Eier zu einer luftigen Masse aufschlagen. Salz, Orangenschalen und Kürbispüree unterrühren.

2 Geriebene Pinienkerne, Mehle und Backpulver mischen, zur luftigen Masse geben. Das Ganze zu einem Teig zusammenfügen. Nicht kneten. Den Teig mindestens 30 Minuten kühl stellen.

3 Den Teig auf bemehlter Arbeitsfläche 3 mm dick ausrollen. Kekse in Kürbisform ausstechen und diese auf ein mit Backpapier belegtes Blech legen. Die Kekse mit dem Eigelb bestreichen.

4 Die Kekse im vorgeheizten Ofen bei 190 Grad auf mittlerem Einschub 10 bis 12 Minuten backen.

5 Die Schokoladenglasur im Wasserbad schmelzen. In eine Spritztüte füllen und die erkalteten Kekse mit Gesichtern verzieren.

oben: Halloween-Kekse
unten: Kürbis-Preiselbeer-Kompott, Rezept S. 96

Kürbis-Tomaten-Sauce mit Pfefferminze

- 800 g Kürbisfleisch
- 75 g Butter
- 300 g Tomaten
- 3 EL gehackte frische Pfefferminze
- Kräutermeersalz
- schwarzer Pfeffer aus der Mühle

Tip

Zu einem Gemüseteller die Sauce warm servieren, zu kaltem Fleisch schmeckt sie gekühlt am besten.

1 Den Kürbis würfeln oder in feine Scheiben schneiden. In der Butter auf kleinem Feuer zugedeckt weich kochen. Nach Möglichkeit keine Flüssigkeit dazugeben.

2 Die Tomaten an der Spitze übers Kreuz einschneiden. In einem Schaumlöffel in kochendes Wasser tauchen, bis sich die Haut zu lösen beginnt. Die Früchte schälen, den Stielansatz entfernen, klein würfeln. Die Tomaten zum Kürbis geben. 5 Minuten köcheln lassen.

3 Die Sauce pürieren und je nach Konsistenz in die Pfanne zurückgeben und etwas einköcheln lassen. Mit Pfefferminze, Kräutersalz und Pfeffer abschmecken.

Kürbissauce

- 100 g Kürbisfleisch
- 2 EL Currypulver
- 1 EL Olivenöl extra nativ
- 3 EL Apfelsaft
- Kräutermeersalz
- 50 g/0,5 dl süße Sahne/ Rahm

Tip

Die Sauce paßt ausgezeichnet zu Fisch.

1 Den Kürbis klein würfeln. Kürbiswürfelchen und Currypulver im Olivenöl andünsten. Mit dem Apfelsaft angießen. Auf kleinem Feuer weich kochen. Die Sauce pürieren. Mit Kräutersalz abschmecken. Die Sauce auskühlen lassen.

2 Kurz vor dem Servieren die steif geschlagene Sahne unterziehen.

Bild Seite 89

Heiß eingefüllter Kürbis

1-2 kg Kürbisfleisch

1 Den Kürbis würfeln. Im Dampf garen, bis er sehr weich ist. Pürieren. Das Püree abtropfen lassen.

2 Das Kürbispüree unter Rühren aufkochen. In vorgewärmte Gläser füllen. Sofort schließen.

Kürbiskompott mit Feigen

500-600 g Kürbisfleisch
6 getrocknete Feigen
1 Zitrone, Saft
200 g Birnendicksaft
200 ml/2 dl Wasser
1 Stück Zimtstange
100 g geschälte ganze Mandeln

1 Aus dem Kürbis mit dem Kugelausstecher kleine Kugeln ausstechen. Reste für eine Suppe verwenden. Die Feigen in feine Streifen schneiden.

2 Zitronensaft, Birnendicksaft, Wasser und Zimtstange aufkochen, die Kürbiskügelchen und die Feigenstreifen darin 8 bis 10 Minuten köcheln lassen.

3 Die geschälten Mandeln dazugeben, einmal aufkochen.

4 Die festen Teile mit einem Schaumlöffel aus dem Zuckersirup nehmen und in vorgewärmte Gläser füllen.

5 Den Zuckersirup aufkochen und den Glasinhalt damit gut bedecken. Die Gläser sofort schließen. Angebrochene Gläser im Kühlschrank aufbewahren.

Tip

Das Kompott zu Eiscreme servieren.
Das Kompott ist auch ein willkommenes Mitbringsel und ein ideales Rezept, um große Kürbisse zu verarbeiten. Bei großen Mengen den Kürbis würfeln; das Ausstechen von Kugeln ist sehr zeitaufwendig.

Kürbis-Orangen-Konfitüre

- 1 kg Kürbisfleisch, wässerige Sorte
- 6 unbehandelte Orangen
- 300 g Syramena (teilraffinierter Vollrohrzucker)
- 1 Beutel Unigel (Reformhaus/Bioladen)
- 5 EL Grand Marnier oder Amaretto

1 Den Kürbis in feine Scheiben schneiden.

2 Von drei Orangen mit einem Zestenreißer die Schale dünnwandig abreißen/abschneiden, in feine Streifchen schneiden. Die Streifchen mit wenig Wasser 5 Minuten kochen. Abgießen und abkühlen lassen.

3 Sämtliche Orangen auspressen. Kürbis, Zucker und Orangensaft in einem großen Kochtopf 20 Minuten kochen lassen. Die Fruchtschalenstreifchen beigeben, über Nacht ziehen lassen.

4 Die Kürbismasse und das Bindemittel aufkochen, 3 Minuten sprudelnd kochen. Vom Feuer nehmen und nach Belieben mit Grand Marnier parfümieren. Die Konfitüre in vorgewärmte Gläser füllen, sofort schließen. Angebrochene Gläser im Kühlschrank aufbewahren.

Kürbiskonfitüre mit Ingwer

- 1 kg Kürbisfleisch, wässerige Sorte
- 150 g kandierter Ingwer
- 100 ml/1 dl Zitronensaft
- 1 EL abgeriebene Zitronenschale
- 1 EL geriebener Ingwer
- 300 g Birnendicksaft
- 1 Beutel Unigel (Reformhaus/Bioladen)

1 Den Kürbis und den Ingwer fein schneiden.

2 Alle Zutaten in eine Pfanne geben, gut verrühren und bei mittlerer Hitze aufkochen, unter zeitweiligem Rühren rund 20 Minuten köcheln lassen.

3 Die Konfitüre in vorgewärmte Gläser füllen, sofort schließen. Angebrochene Gläser im Kühlschrank aufbewahren.

oben: heiß eingefüllter Kürbis, Rezept S. 113
Mitte, von links: Kürbiskonfitüre mit Verveine, Rezept S. 116; Kürbiskonfitüre mit Ingwer; Kürbis-Orangen-Konfitüre
unten: Kürbisbrötchen, Rezept S. 108

Kürbiskonfitüre mit Verveine

- 2,5 kg Kürbisfleisch (Moschus-Sorte)
- 400 g Birnendicksaft oder teilraffinierter Vollrohrzucker (Syramena)
- 60 g Unigel (Reformhaus/Bioladen)
- 6 Zweige Verveine, abgezupfte Blätter

1 Den Kürbis halbieren und die Kerne entfernen. Die Fruchthälften mit einem Sparschäler (Kartoffelschäler) schälen. Das Kürbisfleisch mit der Küchenmaschine grob raspeln oder klein würfeln.

2 Kürbis, Birnendicksaft und Unigel in einen großen Kochtopf geben, aufkochen und auf kleinem Feuer 30 Minuten kochen lassen, bis der Kürbis weich ist. Nach 15 Minuten die Verveineblätter beifügen.

3 Die Konfitüre in vorgewärmte Gläser füllen, sofort schließen.

Bild Seite 114

Kürbis-Chutney mit Salbei

- 1,5 kg Kürbisfleisch
- 4 mittlere Zwiebeln
- 3 unbehandelte Zitronen, Saft
- 250 ml/2,5 dl Weißweinessig
- 200 g Vollrohrzucker
- 2 EL Meersalz
- 3 EL Senfkörner
- 1 Knoblauchzehe
- 1 Bund Salbei

1 Den Kürbis klein würfeln. Die Zwiebeln fein hacken.

2 Kürbis, Zwiebeln, Zitronensaft, Essig, Zucker, Salz, Senfkörner und durchgepreßte Knoblauchzehe in einem großen Topf unter ständigem Rühren aufkochen, auf kleinem Feuer köcheln lassen, bis der Kürbis weich und die Flüssigkeit fast vollständig verdunstet ist.

3 Den Salbei grob hacken und zum Chutney geben, nochmals 10 Minuten unter zeitweiligem Rühren köcheln lassen.

4 Das heiße Chutney in vorgewärmte Gläser füllen. Sofort schließen. Angebrochene Gläser im Kühlschrank aufbewahren.

Süßsaurer Kürbis mit Orangensaft

2,5 kg Kürbisfleisch
$^1/_2$ l Apfelessig
$^1/_2$ l Wasser
300 ml/3 dl Weißweinessig
300 ml/3 dl Wasser
1,5 kg Zucker
10 Nelken
$^1/_2$ Zitrone, abgeriebene Schale
1 Vanilleschote
1 Orange, Saft

1 Den Kürbis in kleine Würfel schneiden, in eine Schüssel geben. Den Essig und das Wasser dazugießen. Zugedeckt 24 Stunden ziehen lassen. Abgießen.

2 Weißweinessig, Wasser, Zucker, Nelken, Zitronenschalen und aufgeschlitzte Vanilleschote aufkochen. Den Kürbis darin rund 3 Minuten sprudelnd kochen.

3 Die Kürbiswürfel mit einem Schaumlöffel in vorgewärmte Gläser füllen. Den Orangensaft zum Essigzuckerwasser geben und aufkochen, die Vanilleschote entfernen. Die Früchte gut mit der Flüssigkeit bedecken. Die Gläser sofort schließen.

Kürbis-Aprikosen-Chutney

1 kg Kürbisfleisch
2 große Zwiebeln
200 g Dörraprikosen
1 Stück frische Ingwerwurzel
250 g Sultaninen
1 TL Meersalz
1 TL Pfefferkörner
1 Zimtstange
1 Gewürznelke
250 g Vollrohrzucker
700 ml/7 dl Weißweinessig

1 Den Kürbis klein würfeln. Die Zwiebeln fein hacken. Die Dörraprikosen in kleine Stücke schneiden. Die Ingwerwurzel schälen und mit der Rohkostreibe fein reiben.

2 Alle Zutaten in einem großen Topf erhitzen, 60 bis 90 Minuten auf kleinem Feuer köcheln lassen, bis der Kürbis weich ist und fast alle Flüssigkeit verdunstet ist.

3 Das heiße Chutney in vorgewärmte Gläser füllen. Sofort schließen. Angebrochene Gläser im Kühlschrank aufbewahren.

Koriander

Süßsaurer Kürbis mit Zwiebeln und Meerrettich

1 kg Kürbisfleisch
3 EL Meersalz
½ l Weißweinessig
½ l Wasser
120 g Vollrohrzucker
120 g Zwiebeln
30 g Meerrettich
30 g Senfkörner
2 Dillblüten

1 Den Kürbis würfeln, mit dem Meersalz mischen und über Nacht stehen lassen.

2 Essig, Wasser und Zucker aufkochen. Die Kürbiswürfel portionsweise hineingeben und glasig kochen, 4 bis 5 Minuten. Abtropfen und auskühlen lassen.

3 Die Zwiebeln und den Meerrettich in feine Scheiben schneiden. Kürbis, Zwiebeln, Meerrettich, Senfkörner und Dillblüten in Gläser füllen. Mit dem Essigsud bedecken.

4 Am nächsten Tag den Essigsud vorsichtig abgießen, nochmals aufkochen und wieder erkalten lassen, über den Kürbis gießen. Die Gläser schließen. Kühl und dunkel aufbewahren.

Süßsaurer Kürbis mit Ingwer und Zimt

1 kg Kürbisfleisch
300 g Vollrohrzucker
400 ml/4 dl Apfelessig
1 Zimtstange
1 Stück getrockneter Ingwer
2 Lorbeerblätter
einige Korianderkörner

1 Den Kürbis in Würfel oder in fingerdicke Stäbchen schneiden.

2 Zucker, Essig und Gewürze aufkochen. Den Kürbis dazugeben, im Essigsirup köcheln lassen, bis er glasig ist, rund 10 Minuten.

3 Alles in Gläser füllen. Den Essigsirup nochmals aufkochen und das Kompott damit bedecken. Die Gläser sofort schließen. Kühl und dunkel aufbewahren.

Süßsaurer Kürbis mit Ingwer und Zimt

Süßsaurer Kürbis mit Preiselbeeren

600 g Kürbisfleisch
350 g Zuchtpreiselbeeren
400 ml/4 dl Apfelessig
100 ml/1 dl Apfelwein
1 Zimtstange
3 Nelken
1 EL gehackter Ingwer
400 g teilraffinierter Vollrohrzucker (Syramena)

Tip

Paßt zu Wild, Fleisch, Pasteten, Terrinen.

1 Den Kürbis würfeln. Mit den Preiselbeeren mischen.

2 Apfelessig, Apfelwein und Gewürze aufkochen, zur Kürbis-Beeren-Mischung geben. Über Nacht zugedeckt ziehen lassen.

3 Die Fruchtmischung samt Zucker aufkochen, rund 15 Minuten kochen lassen, bis der Kürbis gar ist und die Beeren geplatzt sind.

4 Das Fruchtkompott mit einem Schaumlöffel herausnehmen und in vorgewärmte Gläser füllen. Die Flüssigkeit aufkochen und das Kompott damit bedecken. Gläser sofort schließen.

Produktinfo

Syramena ist ein teilraffinierter Vollrohrzucker, der immer dann verwendet wird, wenn der Vollrohrzucker zu geschmacksintensiv ist.

Kürbis-Melonen-Drink

½ reife Honigmelone
300 g junges Moschuskürbisfleisch
2 süße Orangen, Saft
3 EL Ahornsirup oder Birnendicksaft
½ l Früchte-Chi oder Mineralwasser mit Goldmelissensirup oder Apfelsaft naturtrüb

Ein erfrischender Aperitif

1 Die Honigmelone schälen und entkernen, in kleine Stücke schneiden. Den Kürbis ebenfalls in kleine Stücke schneiden. Melonen und Kürbis mit wenig Apfelsaft pürieren.

2 Das Fruchtpüree mit den restlichen Zutaten verrühren. 30 Minuten ziehen lassen. Den Drink durch ein feines Chromstahlsieb streichen, in Gläser füllen.

Produktinfo

»Chi« ist ein enzymhaltiges Gärgetränk, das man im Bioladen, im Reformhaus oder in der Drogerie mit Reformsortiment kaufen kann.

Bild Seite 121

Kürbis-Beeren-Bowle

200 g erntefrischer Kürbis
200 g Beeren, z. B. Himbeeren, Brombeeren, Heidelbeeren, oder andere Früchte wie Kiwi und Apfel
4 EL Ahornsirup
1 l Apfelsaft oder Grüntee »Chi« oder weißer Traubensaft

1 Den Kürbis in kleine Würfelchen (Brunoise) schneiden. Die Beeren ganz lassen. Früchte wie Kiwi oder Äpfel schälen, entkernen und in kleine Würfelchen (Brunoise) schneiden.

2 Den Ahornsirup mit dem Apfelsaft verrühren. Die Früchte dazugeben. Einige Stunden oder über Nacht kühl stellen.

Produktinfo

Grüntee »Chi« ist im Bioladen, im Reformhaus oder in der Drogerie erhältlich.

Bild Seite 106

Tip

Für diese Bowle ist ein süßlich schmeckender Kürbis ideal, z. B. Muscade de Provence. Auf keinen Fall eine mehlige Sorte verwenden.

Kürbisveranstaltungen/Adressen

In zahlreichen Städten und Gemeinden finden Anlässe rund um den Kürbis statt. Sie alle aufzuführen, würde den Rahmen dieses Buches sprengen. Aber einige seien doch erwähnt:

Schweiz

- Kürbismarkt in Basel. Organisiert vom Kürbisclub Basel über das Naturhistorische Museum, Augustinergasse 2, 4001 Basel. Immer am 3. Wochenende im Oktober vor dem Restaurant Mövenpick Baslerstab, am Marktplatz in Basel. Verkauf von Kürbissen, Aktivitäten rund um den Kürbis, von 7.00 Uhr bis 14.00 Uhr. Erlös zugunsten einer gemeinnützigen Institution.

- Grenchner Chürbisnacht. Findet jeweils am letzten Freitag im Oktober im Zentrum von Grenchen statt. Mit Kürbis-Wettbewerb, d. h. prämiert wird der schwerste Kürbis, Kürbismarkt mit Kürbis-Kunsthandwerk und allem, was mit dem Kürbis zu tun hat. Der Markt beginnt um 16.00 Uhr und dauert bis 22.00 Uhr. Ein riesiger Kürbislichterumzug findet um 19.30 Uhr statt. Auskunft erteilt das Amt für Kultur, Iris Minder, Tel. 032/652 87 15 Fax 032/652 87 55

- Kürbisausstellung und Kürbismarkt. Eine einmalig schöne Ausstellung mit 200 Sorten veranstaltet Familie Ulrich, Landschi, in 6403 Küssnacht am Rigi, Ende September/Anfang Oktober jeweils am Wochenende. Nähere Auskunft durch den Veranstalter über Tel. 041/850 14 93

- Musik auf Kürbisinstrumenten: Christian Huber aus Gelterkinden spielt auf orginal afrikanischen Balophonen Musik. Er erteilt auch Unterricht auf diesen alten Instrumenten. Adresse: Christian Huber, Rickenbachstrasse 5, CH-4460 Gelterkinden.

Deutschland

- 3. große Kürbisausstellung im Botanischen Garten in München mit ca. 100 Sorten, vom 8. bis 18. Oktober 1998. Auskunft über weitere Kürbisausstellungen erteilt der Botanische Garten, Tel. 089/17861 - 310, Fax 089/17861-340.

- Kürbisfest in Windschläg bei Offenbach. Der Musikverein Windschläg organisiert jeweils am 3. Wochenende im September ein ganz spezielles Kürbisfest. Zahlreiche ausgehöhlte und wunderschön dekorierte Kürbisse werden entlang den Straßen ausgestellt.

Österreich

- ÖKOLOGIK, Penny Sligh-Lichtenecker, Schindlergasse 45, A-1180 Wien, Tel. 01/4701622. Vorträge, Kochkurse, Aktivitäten rund um den Kürbis. Penny Sligh sammelt auch neue Erkenntnisse und gibt sie weiter.

Bezugsadressen für Samen

Kürbissamen diverser Sorten können u. a. bei nachfolgenden Firmen bezogen werden. Bei Bestellungen die Konditionen beachten oder erfragen. Es werden teilweise hohe Bearbeitungsgebühren erhoben. Eine Sammelbestellung von mehreren Interessierten lohnt sich.

Schweiz

■ SAMEN MAUSER AG
mit seinen Wiederverkaufsstellen bietet zur Zeit 7 Kürbissorten an. Info über:
Samen Mauser AG
Postfach 67,
8404 Winterthur
Tel. 052 / 234 25 25,
Fax 0 52 / 2 33 57 46

■ KüRBISCLUB BASEL
c/o Naturhistorisches Museum, Augustinergasse 2,
4001 Basel.
Versendet an seine Mitglieder jedes Jahr eine Samenliste für Vorbestellungen. Die Mitgliedschaft ist gratis.

Biologische Samen sind in der Schweiz erhältlich bei:
■ C. und R. Zollinger
1894 Les Evouettes
Tel. 0 24 / 4 81 40 35
Bieten zur Zeit 6 Sorten an.

■ Ekkharthof
Gartensämereien,
8574 Lengwil
Tel. 0 71/6 86 66 55,
Fax 071/6 86 66 56
Bieten zur Zeit rund 20 Sorten an.

Deutschland

■ SAMEN JANSEN
Beekweg 3,
46399 Bocholt
Tel. 00 31 / 315 651 235
Fax 00 31 / 315 654 706
Schickt Ihnen kostenlos die Samenliste von 69 Kürbissorten zu.

■ Allerleirauh GmbH
Demeter Saatgut, Initiativkreis für Gemüesesaatgut aus biologisch-dynamischem Anbau.
Kronstraße 24,
61209 Echzell
Tel. 0 60 35 / 8 12 16
Fax 0 60 35 / 8 12 75
Bietet zur Zeit nur wenige Kürbissorten an.

Österreich

■ ARCHE NOAH
3553 Schloß Schiltern
Die meisten Kürbissamen aus dem Katalog sind auch für Nichtmitglieder erhältlich.

■ Biologisches Saatgut
GARTEN DER VIELFALT
von der Gruppe E.R.D.E.
Herbersdorf 17, 8510 Stainz,
Tel. und Fax 034 63 / 43 84.
Es werden mehrere Sorten angeboten.

Frankreich

■ FERME DE SAINTE MARTHE
Saatgut aus kontrolliert biologischem Anbau.
Ansprechpartnerin:
Ulla Grall,
Bäreneck 4/Efeuhaus
D-55288 Armsheim
Tel. 0 67 34 / 96 03 79
Fax 0 67 34 / 96 00 14
Es werden ca. 50 Sorten angeboten.

Die Autorinnen

Vreny Walther

Direkt aus Cuzco, der ehemaligen Hauptstadt des Inkareiches in Peru, kamen nach einer Ferienreise ihres Sohnes vor einigen Jahren die ersten Kürbissamen in ihren Garten.

Als der Sommer ins Land zog, reiften runde und ovale Kürbisse unterschiedlicher Größe und Farbe in ihrem Garten. Und schon bald begann die Suche nach zusätzlichen Rezepten und Samen anderer Kürbissorten. Der große Erfolg des im Jahre 1995 erschienenen Kürbis-Kochbuches war Beweis genug, daß die Riesenbeere viele Menschen im Garten und in der Küche fasziniert.

Die Lust des Kreierens stieg weiter, und mit ihr die Zahl der Sorten und Rezepte. Eine wichtige Rolle spielten auch Freunde und Bekannte aus Kanada über Südafrika bis nach Australien. Aber auch die vielen Leserinnen und Leser haben durch Rückmeldungen ihren »Kürbishorizont« erweitert.

Erica Bänziger

Bekanntschaft gemacht hat sie mit den farbenfrohen Gesellen vor vielen Jahren in einem Bioladen, wo sie von Kundinnen immer wieder nach Rezepten für die Riesenbeere gefragt wurde. Sie alle kannten die Kürbissuppe. Aber das konnte doch nicht alles sein!

Nur der große Kürbisgeist weiß, weshalb sie im Frühling 1994 in ihrem Garten aus Zeitnot gerade Kürbisse pflanzte. Als sie dann Vreny Walther begegnete, klärte sich einiges. Alsbald wurden Rezepte kreiert, nachgekocht, ausgetauscht und degustiert. Als langjähriger Vollwertfachfrau war es ihr ein Anliegen, den gesunden Kürbis nach den Prinzipien der vollwertigen Ernährung zuzubereiten.

Jenny Wainwright-Klein

Aufgewachsen ist die Autorin in Sambia und Südafrika, wo der Kürbis Grundnahrungsmittel ist und mindestens einmal in der Woche auf den Speiseplan kommt.

In ihrer neuen Heimat in Deutschland suchte sie vergebens nach ihrem geliebten »Gem Squash«. So brachte sie denn einmal von einem Urlaub in Südafrika Samen nach Hause. Ihre Schwiegermutter kultivierte sie in ihrem Rheingauer Garten. Das alles war Neuland, da beide keine Erfahrung mit der Kultivierung von Kürbissen hatten.

Die Kultur gedieh prächtig, und die Autorin wollte es auch in ihrem eigenen Gemüsegarten versuchen. Das Münchner Klima schien nicht gerade »kürbisfreundlich« zu sein, aber wiederum wurde sie angenehm überrascht. Zu Beginn erntete sie bei Kollegen nur Skepsis, wenn sie sie überreden wollte, doch einmal »Gem« oder »Acorn Squash« zu degustieren. Sie kannten höchstens den »Gelben Zentner«, und diesen auch nur süßsauer.

Sechs Jahre später besitzt die Autorin Saatgut von über 100 verschiedenen eßbaren Kürbissorten, die sie vor allem an ihrem Arbeitsort im Botanischen Garten in München kultiviert. Dort organisiert sie auch jeden Herbst eine Kürbisausstellung (siehe Seite 122), die von Jahr zu Jahr mehr Leute besuchen. Mit Freude beobachtet die Autorin das wachsende Interesse für die Kürbiskultur.

Literaturverzeichnis

Hausen, Monika H. Die Lichtkräfte unserer Nahrung. Bauer Verlag

Kürbis. Landhausküche. Carlsen

Lestrieux de, Elisabeth. Der Kürbis und alles, was in ihm steckt. DuMont

Pelikan, Wilhelm. Heilpflanzenkunde. Verlag am Goetheanum

Philipps, R.; Rix, M. Gemüse in Garten und Natur. Droemersche Verlagsanstalt

Scott, Cunningham. Magie in der Küche. Smaragad Marabuch

Walther, Vreny; Bänziger, Erica. Das Kürbis-Kochbuch. Midena Verlag

Waniorek, Linda und Axel. Kürbis und Kürbiskernöl. mvg

Register